나를
지키는
노동법

취준부터 퇴사까지,
직장인을 위한 노동법119

나를 지키는 노동법

청년유니온 지음

한겨레출판

머리말

2010년 창립한 청년유니온은 청년 노동자들의 삶이 좀 더 나아질 수 있도록 다양한 활동을 해왔습니다. 짧지 않은 시간 동안 우리의 삶을 사회에 드러내고, 문제를 해결하고, 대안을 모색하며 달려왔습니다. 최저임금을 지키지 않던 편의점 아르바이트 문제를 바로잡고, 배달원들을 과속운전으로 내모는 '30분 배달제'를 폐지시켰습니다. 그밖에도 많은 문제를 함께 해결하고자 노력했습니다.

세상은 조금씩 나아지고 있지만, 아직 우리의 일터까지 와닿기에는 더 많은 시간이 필요한 것 같습니다. 여전히 아르바이트를 하며 취업 준비를 하는 청년의 이야기와 채용 비리 뉴스가 넘쳐나고 있습니다. 아르바이트하는 청년들, 신입사원들이 일터에서 겪는 어려움은 그다지 나아진 것 같지 않습니다. 일터에서 분쟁을 겪으며 모멸감을 느끼면서도 생계 문제 때문에 쉽사리 그만두지 못하는 것이 지금 청년들의 현실입니다.

《나를 지키는 노동법》은 이렇듯 일터에서 하루하루 힘겹게 일하는 청년들에게 도움을 주고자 쓴 책입니다. 이 책을 매개로 저희 청년유니온과 함께 문제를 해결해나가는 경험을 쌓는 기회가 되기를 바랍니다.

책 제목으로 쓰인 '노동법'은 사실 실제로 존재하는 법은 아닙니다. 노동법의 정확한 명칭은 '노동관계 법률'이고, 노동관계 법률은 어느 특정한 하나의 법을 이야기하지 않습니다. 노동조건과 관련된 모든 법을 통칭하여 '노동법'이라고 부릅니다. 흔히 알고 있는 근로기준법이나 최저임금법부터 노동조합법과 산업안전보건법, 그리고 생소할 수도 있는 노동위원회법이나 선원법 등 30여 개의 법률이 여기에 해당됩니다.

수많은 법 조항을 일일이 열거하기보다는 사회초년생들이 꼭 알아야 할 내용을 간추리고, 자신이 처한 상황에서 필요한 법률을

손쉽게 알 수 있도록 구성했습니다. 무엇을 준비하고 어떤 절차를 밟아야 하며, 그 과정에서 무엇을 조심해야 하는지 안내합니다. 아르바이트를 하거나 취업 준비를 하거나, 이직을 준비하는 청년들 모두가 알아야 할 내용입니다.

이 책만으로 일터의 모든 문제를 해결할 수는 없습니다. 하지만 무엇이 나를 지켜줄 수 있는지 알아가는 첫 시작이 되길 바랍니다.

2018년 11월

청년유니온

차례

머리말 ...4

01 일을 시작하는 당신에게

1. 나를 지켜주는 울타리, 근로계약서
❶ 모든 시작은 계약서 서명부터 ...12
❷ 서명 전에 이것만은 확인하세요 ...15
❸ 교묘하게 숨겨진 독소조항 찾기 ...17
❹ 근로계약 Q&A ...19

2. 저는 '어떤' 노동자인가요?
❶ 사장도 아니고 노동자도 아닌 ...21
❷ 정규직 vs 비정규직 ...24
❸ 비정규직이라고 차별받았다면? ...29

3. 노동조건은 어떻게 결정되나요?
❶ 내규에 따른다 = 차마 알려줄 수 없다?
...31
❷ 취업규칙 변경에 동의하라고요? ...34
❸ 개별적 또는 집단적 노사관계 ...35
❹ 당신과 회사가 지켜야 할 네 가지 ...37

4. 이런 회사에 유의하세요!
❶ 한국형 블랙기업 ...39
❷ 악덕 사업주 걸러내는 법 ...46

02 권리는 챙기면서 일해요

1. 일한 만큼 받아야죠
❶ 임금명세서 해부하기 ...50
❷ 내 임금 계산하기 ...55
❸ 최저임금보다 낮으면 무효! ...60
❹ 야근을 해도 월급은 그대로? 포괄임금제
논란 ...66

2. 칼퇴가 아니라 정시퇴근
❶ 연장근로 vs 휴일근로 ...72
❷ 4시간 일하면 30분 쉬어야 ...77

3. '일잘'은 휴식을 먹고 자란다
❶ 야근 대가를 휴가로, 보상휴가제 ...82
❷ 여름휴가? 난 가을휴가! 연차에 대한 모든
것 ...83

❸ 노동절은 1+1입니다 ...**86**

❹ 공휴일과 법정휴일, 무엇이 다를까 ...**87**

4. 건강하고 안전하게 일할 권리

❶ 일하다 다쳤다면 산재보험으로 ...**90**

❷ 실수라도 보호받을 수 있어요 ...**93**

❸ 산재신청은 어떻게 하나요? ...**94**

❹ 산업재해 Q&A ...**97**

5. 네 잘못이 아니야

❶ 직장 내 성희롱 경험 있다 78.4% ...**100**

❷ 성희롱, 성폭력 피해를 입었다면 ...**103**

03 퇴사할 땐 더 꼼꼼히!

1. 내일부터 나오지 말라고?

❶ 해고와 권고사직의 미묘한 차이 ...**112**

❷ 정당한 해고란? ...**113**

❸ 해고에도 예의가 있다 ...**116**

❹ 부당해고를 당했다면? ...**118**

2. 퇴사할 때 하더라도

❶ 퇴사 전 필요한 체크리스트 ...**121**

❷ 실업급여의 종류 ...**124**

❸ 구직급여 신청 및 지급 절차 ...**126**

3. 원래 제 돈입니다!

❶ 퇴직금, 언제 얼마를 받을 수 있을까 ...**134**

❷ 퇴직금 중간정산? 마음대로 안 돼요 ...**136**

❸ 퇴직연금제도란? ...**137**

4. 만약 받을 임금이 남았다면

❶ 나는 임금을 다 받은 걸까? ...**141**

❷ 가능한 모든 증거를 확보하라 ...**146**

❸ 체당금제도를 활용할 수 있어요 ...**154**

에필로그 ...158

부록

용어 사전 ...164

도움받을 수 있는 곳 ...177

01

일을

시작하는

당신에게

우리가 일을 하는 이유는 다양합니다. 생계를 위해 돈을 벌기도 하고, 자신의 커리어를 위해 혹은 꿈을 실현하기 위해 일하기도 합니다. 이런 다양한 이유로 우리는 삶의 꽤 많은 시간을 노동자로 보냅니다. 부모님 세대에는 '평생직장'이 흔했지만 요즘 현실에는 맞지 않습니다. 길면 3년, 짧으면 6개월마다 이직을 하는 경우가 빈번합니다.

그렇더라도 일을 시작할 때 확인할 사항들을 꼼꼼히 챙겨야 합니다. 첫 단추부터 어긋나면 일을 그만둘 때까지 상황이 어려워지는 경우가 많기 때문입니다. 1부에서는 구직 활동을 하면서, 그리고 직장 생활을 시작하면서 꼭 확인해야 하는 것들을 짚어봅니다. "나는 근로기준법의 보호를 받을 수 있는 근로자인가?"라는 질문에서 시작해 근로계약서는 어떻게 쓰는지, 그것이 왜 중요한지, 어떤 회사를 조심해야 하는지 이야기합니다.

1.

나를 지켜주는
울타리,
근로계약서

❶ 모든 시작은 계약서 서명부터

> **근로기준법 제2조 정의**
> "근로계약(勤勞契約)은 근로자가 사업주에게 근로를 제공하고 사업주
> 는 이에 대하여 임금을 지급함을 목적으로 체결된 계약을 말한다."

　　우리는 살면서 수많은 계약서를 씁니다. 휴대전화를 개통할
때, 은행 계좌를 개설할 때, 집을 구할 때 모두 첫 시작은 계약서에
서명을 하는 것입니다. 근로계약도 별반 다르지 않습니다. 근로계약
서 내용을 꼼꼼히 살피는 것부터 계약의 시작입니다. 잘 준비된 근로
계약서는 일하면서 발생할 수 있는 많은 문제를 예방하고 나를 지킬
수 있는 무기가 됩니다.

표준근로계약서

1. 근로계약기간 _____년 __월 __일부터 _____년 __월 __일까지

2. 근무장소

3. 업무의 내용

4. 소정근로시간
 __시 __분부터 __시 __분까지(휴게시간: __시 __분 ~ __시 __분)

5. 근무일/휴일
 매주 __일(또는 매일 단위) 근무, 주휴일 매주 __요일

6. 임금
 – 월(일, 시간)급: _____원
 – 상여금: 있음( ) _____원, 없음( )
 – 기타 급여(제수당 등): 있음( ), 없음( )
 – 임금지급일: 근로자에게 직접 지급( ), 근로자 명의 예금통장에 입금( )

7. 연차유급휴가
 – 연차유급휴가는 근로기준법에서 정하는 바에 따라 부여함

8. 사회보험 적용 여부(해당란에 체크)
 □고용보험 □산재보험 □국민연금 □건강보험

9. 근로계약서 교부
 – 사업주는 근로계약을 체결함과 동시에 본 계약서를 사본하여 근로자에게
  교부함
  (근로기준법 제17조 이행)

더불어 근로계약은 사업주와 근로자 간의 쌍방 계약이기 때문에 한 장만 작성하면 계약서를 작성하지 않은 것으로 간주합니다. 그렇기에 근로계약서는 같은 양식과 내용으로 사업주와 근로자가 각각 한 부씩 나눠 갖는 게 의무입니다.

일을 하거나 그만두는 과정에서 분쟁이 발생할 때, 근로계약서는 유용한 증거자료로 활용할 수 있습니다. 근로계약서를 받거나 쓰지 않았을 경우 다른 기록이나 증거를 미리 확보해 대비하는 것이 중요합니다. 다만 근로계약서를 작성하지 않았더라도 책임은 사업주에게 있기 때문에 근로자에게 그로 인한 불이익은 없습니다.

근로계약서를 정상적으로 작성했어도 일을 하다 보면 실제로 지켜지지 않는 경우가 많습니다. 일을 하면 어쩔 수 없이 '갑'과 '을'의 관계가 되기 때문이기도 합니다. 또한 근로계약서를 작성하고 교부받는 것이 당연하다지만 모두가 그런 사업장에서 일하지는 못

합니다. 혹시나 사업주에게 불이익을 받을 수도 있다는 불안과 두려움에 많은 사람이 근로계약서를 요청하지 못하기도 합니다.

그럴 경우에는 고용노동부 홈페이지에 전자민원을 제출해 진정을 넣을 수 있습니다. 근로계약서를 요청했음에도 작성하지 않거나, 작성했을지라도 근로조건이 지켜지지 않을 경우에는 고용노동부에 민원을 넣는 방법이 가장 좋습니다. 그럼에도 근로조건이 지켜지지 않는다면 손해배상 책임 없이 회사를 자유롭게 그만둘 수 있습니다.

❷ 서명 전에 이것만은 확인하세요

근로계약서에는 일하는 데 있어서 꼭 필요한 것들을 정하도록 규정돼 있습니다. 근로자의 근로기간과 업무내용, 임금 등 다음 다섯 가지 내용은 반드시 포함해야 합니다. 더불어 사업주가 근로계약을 맺는 데 있어서 특별히 중요하게 여기는 것들을 추가로 포함해 작성합니다. 이렇게 작성된 근로계약서는 근로조건의 중요한 기준이 됩니다. 그렇기 때문에 계약서에 사인하기 전에 세세히 확인하는 것이 매우 중요합니다.

01 근로계약기간	근로시작시점만 있고, 만료시점이 없다면 후에 사업주가 제멋대로 정할 가능성이 있다. ※단, 무기근로계약의 경우 만료시점이 없어도 상관없다.
02 근무내용&업무내용	근무장소는 업무의 필요나 부득이한 사정에 의해 변경될 수 있다. 단, 변경 시에는 상호 간에 합의를 해야 한다.
03 근무일 및 휴일	보통 휴일이라 하면 일요일과 공휴일을 포함하지만, 실제 법에서 보장하는 공휴일은 공무원들이 쉬는 날이다. 하지만 많은 사업장에서 공휴일도 휴일로 정하고 있어 미리 확인하는 게 좋다.
04 근로시간 및 휴게시간	휴게시간에는 식사시간이 포함될 수 있다. 법적으로는 휴게시간에 대한 임금은 지급되지 않는다.
05 임금(구성항목, 계산방법, 지급방법)	임금은 원래 근로시간에 대한 대가다. 하지만 많은 사업장에서 식대나 상여금 등을 포함시키기 때문에 미리 확인하는 게 좋다. 세전·세후를 생각하지 않고 계약을 체결한 경우, 원래 임금에서 세금이 깎여 당황할 수도 있다. ※근로소득세, 주민세와 4대보험료 중 근로자 부담 분은 공제 후 지급한다.

TIP

근로계약서를 꼼꼼히 살펴보고 싶지만 사업주와 마주 앉은 상황에서 따져보기는 쉽지 않은 것이 현실입니다. 그럴 경우 근로계약서를 사진으로 찍어두거나 미심쩍은 부분을 기록한 뒤, 고민해보고 계약을 체결하겠다고 하는 것도 좋은 방법입니다.

근로계약서는 앞서 설명한 것처럼 원칙적으로 쌍방이 협의해 계약을 맺는 것입니다. 하지만 현실적으로 근로자는 '을'의 입장이므로 사업주가 제안하는 근로계약서의 내용을 거부하거나 수정을 요구하기가 쉽지 않습니다. 그렇기 때문에 근로계약서에 기재된 항목들이 독소조항인지 확인하는 것이 필요합니다.

- 다음 근무자를 구할 때까지 그만둘 수 없다.
- 1년 내 그만둘 경우 한 달 급여를 사업주에게 돌려줘야 한다.
- 1일 무단결근 시 해고할 수 있다.
- 인수인계 기간 동안 급여를 지급하지 않는다.
- 사업주가 임금을 강제 저축한다. 저축금을 사업주가 관리한다.
- 사업주가 돈을 빌려주고, 이를 근로자가 근로를 제공하는 조건으로 갚는다.

예를 들어 위와 같은 조항이 포함되어 있다면 부당한 조건이므로 반드시 이의를 제기하고 계약서를 수정해야 합니다.

위에 제시한 독소조항은 근로기준법을 위배하는 사항으로 계약이 무효가 됩니다. 근로자는 해당 조항의 변경을 요구할 권리가 있고, 설령 계약서에 있다고 하더라도 사업주는 이 조항의 효력을 주장할 수 없습니다. 추후에 발생할 수 있는 분쟁을 예방하기 위해서라도 근로계약서에 문제점이 없는지 꼼꼼히 살펴보아야 합니다.

사례

01   근무일과 휴일에 관한 내용

토요일은 무급휴일로 하며, 을의 심신피로를 해소하기 위해 갑은 근로일에 무급휴일을 부여할 수 있다.

[해석] 을을 위한 것처럼 보이지만, 무급휴일을 부여하는 것은 사업주(갑)가 정하는 것이므로 휴업이라고 볼 수 있다. 사업주의 귀책사유(작업량 감소, 제품판매 부진, 자금난 등 경영상 문제로 인한 휴업 등) 때문에 쉬는 경우 휴업수당으로 평균 임금의 70퍼센트를 지급해야 한다.

[체크!] 근로일과 휴무일은 업무상 필요에 따라 변경해 운영할 수 있다. 그러려면 근로자의 동의를 받아야 한다.

02   인수인계

을은 인수인계를 하지 아니하여 갑에게 발생한 손해에 대하여 배상한다.

[해석] 인수인계를 해야 할 의무는 없다. 다만 사직서를 수리해주지 않으면 1개월 간 근로계약 관계가 유지되어 이 기간 동안 인수인계를 하면 된다. 사용자가 새로운 근로자를 늦게 채용해 1개월이 지나면 인수인계 하지 않고 퇴사해도 손해배상의 책임이 없다.

근로계약서는 처음 일할 때만 쓰면 되는 건가요?

그렇지 않습니다. 근로계약서는 근로조건을 명시하고 협의해 작성하기 때문에 근로조건이 변경될 때마다 작성해야 합니다.

근로계약서와 연봉계약서의 차이점은 무엇인가요?

연봉계약서는 임금을 연봉으로 정하기로 했을 때, 즉 연 단위로 임금을 산정하기로 사업주와 근로자가 협의해 작성한 계약서를 뜻합니다. 그러나 근로계약서에 임금에 대한 협의가 있을 경우에는 따로 연봉계약서를 쓰지 않아도 무관합니다.

TIP

임금 조건이 변경되지 않았다면 연봉계약서는 매년 쓰지 않아도 됩니다. 만약 삭감된 임금으로 연봉계약서를 재작성하자고 했을 때, 이를 거부하면 기존 임금이 그대로 유지됩니다.

회사에 입사하면서 '영업비밀 유지각서'를 썼는데, '영업비밀정보'는 무엇인가요?

영업비밀은 대중적으로 알려지지 않은 독립된 가치를 지닌 정보를 말합니다. 영업비밀에는 합리적인 노력에 의해 비밀로 유지한 생산이나 판매 방법, 그 밖에 영업 활동에 유용한 기술상 또는 경영상의 정보 등이 있습니다. 어떤 정보가 '영업비밀'인지 확신이 없을 때는 아래의 세 가지 조건을 확인하는 것이 좋습니다.

① 경제적 유용성: 노하우, 판매 전략, 영업 매뉴얼, 고객 명부 등 경제적으로 가치가 있는 정보.

② 비밀관리성: '극비' 또는 '대외비'라고 표시된 정보, 문서관리규정·비밀관리규칙 등 특별히 지정된 자 이외에는 열람·복사 금지 등 배부처를 제한한 정보, 문서보관장소에 잠금장치나 카드키를 설치했거나 컴퓨터 파일에 비밀번호가 걸려 있는 정보.

③ 비공지성: 학회지나 간행물에 실리는 등 불특정 다수가 아는 정보가 아니라 보유자를 통해서 알 수 있는 정보.

어떤 경우에 영업비밀을 유출했다고 보는 건가요?

영업비밀을 유출했다고 보는 경우는 크게 두 가지입니다. 첫째, 영업비밀을 다른 기업에 팔아 부당한 이익을 얻는 경우입니다. 근로자가 중요한 영업비밀을 유출해 회사를 설립하거나 상대 회사에 취업했다면 여기에 해당합니다. 둘째, 상대 회사가 퇴직자에 의해 부정하게 반출된 영업비밀을 알면서도 취득하는 경우도 포함됩니다.

2.

저는
'어떤'
노동자인가요?

❶ 사장도 아니고 노동자도 아닌

노동상담을 하다 보면 '근로계약서가 아니라 용역계약서를
체결했어요'라는 문의를 종종 받습니다. 계약 상대방으로부터 지휘
나 감독을 받지 않고 정해진 과업을 자유롭게 수행하는 일반적인 용
역(도급)이라면 문제가 없지만, 대부분의 경우 '근로자'인지 '자영업자
(독립계약자)'인지 즉각 판단하기가 어렵습니다.

근로자의 속성과 독립계약자의 속성을 동시에 갖고 있는 사
람을 일컬어 '특수고용노동자'라고 합니다. 학습지 교사, 골프장 캐
디, 화물차 운전수 등이 특수고용노동자의 대표적인 사례입니다. 최
근에는 고용 형태와 직종이 다양해지면서 '사장도 아니고 노동자도
아닌' 어정쩡한 상태에 놓인 사람들이 계속 늘어나고 있습니다. 온

라인 플랫폼을 기반으로 노동력을 제공하는 IT개발자, 에이전시에 소속돼 활동하는 모델, 지도하는 회원 수에 따라 소득이 결정되는 헬스장 트레이너 등 열거하면 끝이 없습니다.

　　근로자인지 독립계약자인지 판단하는 기준이 중요한 이유는 노동법의 적용 여부가 결정되기 때문입니다. 노동법이 규정하는 근로자로 인정받으면 근로기준법을 포함해 수십 가지에 달하는 노동관계법령의 보호를 받고, 사업주는 이에 상응하는 의무를 지게 됩니다. 하지만 근로자로 인정받지 못하면 반대의 상황이 펼쳐집니다. 사업주 입장에서는 애매하다 싶으면 근로계약서가 아닌 용역계약서를 쓰고 싶은 마음이 드는 게 인지상정입니다. 하지만 계약서의 형태가 곧 근로자 여부를 결정하지는 않습니다.

　　대법원은 판례를 통해 근로자성을 판단하기 위한 종합적인 요소를 제시하고 있습니다. 자신의 일부 노동에 독립계약자의 속성이 포함됐어도 종합적인 기준에 따라야 하기 때문에 섣불리 판단할 수 없습니다. 특히 최근에는 근로자에 대한 판단 여부가 폭넓게 해석되는 추세입니다. 2015년부터 2017년까지 대학원생 조교, 방송국 소속 프리랜서 PD, 비율제로 임금을 지급받는 학원강사, 용역계약을 체결한 백화점 판매원과 웨딩플래너 등을 근로자로 인정하는 사례와 판결들이 연달아 있었습니다. 대법원 판례에 제시된 요건들에 비춰 자신의 계약 형태가 불합리하다고 판단되면 노동청 진정 등으로 근로자 여부를 다툴 여지가 있습니다.

1	업무내용을 사용자가 정하는지 여부
2	취업규칙 또는 복무(인사)규정 등의 적용 여부
3	업무수행과정에서 사용자가 상당한 지휘감독을 하는지 여부
4	사용자가 근무시간과 근무장소를 지정하고 근로자가 이에 구속받는지 여부
5	노무제공자가 스스로 비품이나 작업도구 등을 소유하고 있는지 여부
6	노무제공자가 제3자를 고용하여 업무를 대행하게 하는지 여부
7	노무제공을 통한 이윤창출과 손실초래 등 위험을 스스로 안고 있는지 여부
8	보수의 성격이 근로 자체의 대상적 성격인지 여부
9	근로제공관계의 계속성과 사용자에 대한 전속성의 유무와 그 정도
10	기본급이나 고정급이 정해져 있는지 여부
11	근로소득세 원천징수 여부
12	사회보장제도(4대보험)에서 근로자로 인정받는지 여부

대법원, 94다22859

① 비정규직의 네 가지 종류

　일반적으로 정규직은 계약기간이 정해져 있지 않고(무기한), 사업주에게 직접 고용돼 풀타임(주 40시간 이상) 근무하는 사람을 의미합니다. 비정규직 근로자는 정규직과 반대되는 요소를 한 가지 혹은 그 이상 갖고 있습니다. 대표적으로 기간제 근로자, 단시간 근로자, 초단시간 근로자, 파견제 근로자로 나눌 수 있습니다.

　우선 기간제 근로자는 근로기간이 정해져 있는, 근로계약서에 '몇 월 며칠까지'라고 써 있는 근로자입니다. 다만 같은 사람을 기간제 근로자로 계약을 갱신할 수 있는 기간은 '기간제 및 단시간 근로자 보호 등에 관한 법률'(이하 기간제법)에서 2년으로 제한하고 있습니다. 즉 한 명의 근로자가 2년 이상 같은 사업장에서 일한다면 사실상 근로기간의 정함이 없는 '무기계약직'이 됩니다. 따라서 기간제 근로자의 계약기간은 2년이 최대입니다.

　단시간 근로자와 초단시간 근로자는 단 한 글자 차이지만, 노동법상에서 그 의미는 꽤 다릅니다. 단시간 근로자는 일주일 동안의 소정근로시간이 같은 사업장에서 일하는 근로자보다 짧은 근로자를 말합니다. 흔히 파트타이머나 아르바이트 같은 형태가 이에 해당합니다. 초단시간 근로자는 '주 15시간 미만'으로 일하는 근로자를 말합니다. 단시간 근로자는 정규직이나 기간제 근로자에 비해 연장수당 등을 좀 더 폭넓게 보장받고 있습니다. 하지만 초단시간 근로자는 유급 휴일수당은 물론 산업재해보험을 제외한 사회보험 혜택도 보장받지 못해 노동법의 사각지대에 놓여 있습니다.

파견제 근로자는 조금 특이합니다. 파견제 근로는 고용된 사업주가 아닌, 다른 사업주의 사업장에서 지휘명령을 받아 근로하는 형태를 말합니다. 고용 관계인 고용주와 실질적 지휘명령을 하는 사용자가 불일치하는 것이 특징이며, 다른 말로 '간접고용'이라고 합니다. 파견제 근로는 고용주와 사용자가 불일치하는 상황에서 분쟁이 생겼을 때 문제 해결이 어렵습니다. 임금은 A회사에서 받지만, 일은 B회사에서 하기 때문에 일터 내에서 문제가 발생했을 때 어느 회사에서 해결할 것인지가 불분명합니다. 언론에서 흔히 '진짜 사장 나와!'라고 말하는 것도 실제 문제를 일으키는 건 A회사지만 법적으로는 B회사가 떠안는 경우가 많기 때문입니다. 이렇게 분쟁이 일어날 여지가 많기 때문에 파견제 근로가 가능한 직종을 32개로 지정하고, 여기에 해당하지 않는 파견 근로는 엄격히 금지하고 있습니다.

근로자 파견이 가능한 32개 업종

1	컴퓨터 관련 전문가
2	행정, 경영 및 재정 전문가
3	특허 전문가
4	기록보관원 및 사서 관련 전문가
5	번역가 및 통역가 업무
6	창작 및 공연예술가의 업무
7	영화, 연극 및 방송 관련 전문가

8	컴퓨터 관련 준전문가
9	기타 전기공학 기술공
10	통신 기술공
11	제도 기술 종사자, 캐드 포함 전문가
12	광학 및 전자장비 기술 종사자
13	정규교육 이외 교육 준전문가
14	기타 교육 준전문가
15	예술, 연예 및 경기 준전문가
16	관리 준전문가
17	사무 지원 종사자
18	도서, 우편 및 관련 사무 종사자
19	수금 및 관련 사무 종사자
20	전화교환 및 번호안내 사무 종사자
21	고객 관련 사무 종사자
22	개인보호 및 관련 종사자
23	음식조리 종사자
24	여행안내 종사자
25	주유원
26	기타 소매업체 판매원
27	전화통신 판매 종사자
28	자동차 운전 종사자
29	건물 청소 종사자
30	수위 및 경비원
31	주차장 관리원
32	배달, 운반 및 검침 관련 종사자

② 기간제 근로자가 2년 이상 일한다면?

전체 비정규직 근로자 중 가장 많은 비중을 차지하는 것은 단연 기간제 근로자입니다. 2017년 기준으로 비정규직 650만 명 중 기간제 근로자가 약 300만 명에 달합니다. 그러니 기간제 근로자 입장에서 가장 신경 쓰는 대목은 '무기계약'의 요건일 수밖에 없습니다. 기간계약을 하면 2년 후에도 계속 이곳에서 일할 수 있을지 확신할 수 없기 때문입니다.

기간제법에서 사업주가 특별한 사정이 없는 이상 기간제 근로계약을 2년 이상 체결할 수 없습니다. 2년을 초과해 기간제 근로자를 고용하면 별도의 추가계약 없이도 '무기계약' 근로자로 간주합니다. 따라서 기간제 계약을 체결했어도 사업주가 계약만료 통보 등 별도의 조치를 취하지 않고 2년이 넘어가거나, 3년 차에 1년 추가 근로계약을 해도 사실상 무기계약 근로자로서의 권리를 주장할 수 있습니다.

기간제 및 단시간 근로자 보호 등에 관한 법률 제4조(기간제 근로자의 사용)

①사용자는 2년을 초과하지 아니하는 범위 안에서(기간제 근로계약의 반복 갱신 등의 경우에는 그 계속 근로한 총 기간이 2년을 초과하지 아니하는 범위 안에서) 기간제 근로자를 사용할 수 있다. 다만, 다음 각호의 어느 하나에 해당하는 경우에는 2년을 초과하여 기간제 근로자로 사용할 수 있다.

1. 사업의 완료 또는 특정한 업무의 완성에 필요한 기간을 정한 경우
2. 휴직·파견 등으로 결원이 발생하여 당해 근로자가 복귀할 때까지 그 업무를 대신할 필요가 있는 경우
3. 근로자가 학업·직업훈련 등을 이수함에 따라 그 이수에 필요한 기간을 정한 경우
4. 「고령자고용촉진법」 제2조 제1호의 고령자와 근로계약을 체결하는 경우
5. 전문적 지식·기술의 활용이 필요한 경우와 정부의 복지정책·실업대책 등에 따라 일자리를 제공하는 경우로서 대통령령이 정하는 경우
6. 그 밖에 제1호 내지 제5호에 준하는 합리적인 사유가 있는 경우로서 대통령령이 정하는 경우

②사용자가 제1항 단서의 사유가 없거나 소멸되었음에도 불구하고 2년을 초과하여 기간제 근로자로 사용하는 경우에는 그 기간제 근로자는 기간의 정함이 없는 근로계약을 체결한 근로자로 본다.

기간제법에 따르면 사업주는 기간제 근로자를 당해 사업 또는 사업장에서 동종 또는 유사한 업무에 종사하는 무기계약 근로자와 차별적 처우를 해서는 안 됩니다. 쉽게 이야기하면 비정규직이라는 이유로 차별해서는 안 된다는 이야기입니다.

하지만 현실은 그렇게 녹록하지 않습니다. 정규직이 100만큼의 임금을 받는다면, 같은 사업장에서 같은 일을 하는 비정규직은 50의 임금을 받는 등 상당히 열악한 상황에 놓여 있습니다. 비정규직이라는 이유로 임금뿐만 아니라 복리후생과 기타 처우에서도 차별받는 것이 우리 일터의 안타까운 현실입니다.

법은 이러한 불합리한 차별을 바로잡기 위한 시정제도를 마련했습니다. 기간제법에서는 기간제 근로자나 단시간 근로자가 같거나 비슷한 업무를 하는 다른 근로자들에 비해 차별적 처우를 받을 경우 노동위원회에 차별 시정을 요청하도록 하고 있습니다. 가령 업

*중앙노동위원회 홈페이지

무 능력에 차이가 없는데 근로조건 등에서 차이가 발생한다면 이는 불합리한 차별이라고 볼 수 있습니다. 차별을 경험한 근로자는 해당 처우가 있는 날로부터 6개월 이내에 관할 지방노동위원회에 시정절차를 신청할 수 있습니다. 그러면 노동위원회는 조사와 심문 등을 통해 해당 사안에 부합하는 결정을 내립니다. 그리고 차별 분쟁의 입증 책임은 사업주가 지도록 되어 있습니다.

3.
노동조건은
어떻게
결정되나요?

❶ 내규에 따른다 = 차마 알려줄 수 없다?

모집 요강	
근무형태	정규직
상세요강	상세요강 더보기 ▶
학력/경력	무관/무관
성별/나이	무관/무관
모집인원	○명
연봉	회사 내규에 따름
상세연봉	회사 내규에 따름―면접 후 결정
근무지역	서울시 용산구

채용 공고를 보면 위의 사례처럼 '내규에 따름'이라는 말을 자주 볼 수 있습니다. '내규'는 말 그대로 회사의 내부규정으로 입사원서를 제출하는 사람 입장에서는 접근할 방법이 없습니다. 심지어 직원조차도 퇴사할 때까지 회사의 내규를 한 번도 보지 못하는 경우가 많습니다. 사정이 이렇다 보니 어떤 사람들은 '내규에 따른다'는 말을 '업무 강도에 비해 임금이 너무 적어서 차마 알려줄 수 없다'는 말로 해석하기도 합니다.

회사의 근무조건에 관한 보다 정확한 표현은 '취업규칙'입니다. 법에 따르면 상시적으로 10명 이상의 근로자를 고용하는 사업주는 취업규칙을 의무적으로 작성하도록 되어 있습니다.

근로기준법 제93조(취업규칙의 작성·신고)
상시 10명 이상의 근로자를 사용하는 사용자는 다음 각호의 사항에 관한 취업규칙을 작성하여 고용노동부장관에게 신고하여야 한다. 이를 변경하는 경우에도 또한 같다.

1. 업무의 시작과 종료 시각, 휴게시간, 휴일, 휴가 및 교대 근로에 관한 사항
2. 임금의 결정·계산·지급 방법, 임금의 산정기간·지급시기 및 승급(昇給)에 관한 사항
3. 가족수당의 계산·지급 방법에 관한 사항
4. 퇴직에 관한 사항

5. '근로자퇴직급여 보장법' 제4조에 따라 설정된 퇴직급여, 상여 및 최저임금에 관한 사항
6. 근로자의 식비, 작업용품 등의 부담에 관한 사항
7. 근로자를 위한 교육시설에 관한 사항
8. 출산전후휴가·육아휴직 등 근로자의 모성 보호 및 일·가정 양립 지원에 관한 사항
9. 안전과 보건에 관한 사항
9의2. 근로자의 성별·연령 또는 신체적 조건 등의 특성에 따른 사업장 환경의 개선에 관한 사항
10. 업무상과 업무 외의 재해부조(災害扶助)에 관한 사항
11. 표창과 제재에 관한 사항
12. 그 밖에 해당 사업 또는 사업장의 근로자 전체에 적용될 사항

사업주와 근로자가 일대일로 체결하는 근로계약과 달리 취업규칙은 회사에 고용된 모든 직원에게 적용되는 상위 규범입니다. 일반적으로 근로계약서에 없거나 모호하게 규정된 근무조건은 취업규칙을 적용하게 됩니다. 법적으로 사업주는 취업규칙을 근로자가 자유롭게 열람할 수 있는 장소에 항상 게시하거나 갖춰야 할 의무가 있습니다. 특히 위에 기술된 '근로기준법 제93조의 1호 근무시간 및 휴식에 관한 규정'과 '2호 임금의 결정 및 계산방법 등에 관한 사항'은 자신의 근무조건과 직접적으로 연결되는 규정이니 자세히 살펴볼 필요가 있습니다.

취업규칙은 회사 전체에 적용되는 근무조건의 기준과 원칙이 담겨 있어 보통 수십 장에 달해 숙지하기가 만만치 않습니다. 관

련하여 고용노동부는 홈페이지에 '표준취업규칙'(고용노동부 홈페이지
→정보공개→자주찾는자료실→표준취업규칙)을 매년 제작해 배포하는데,
이를 자신이 다니는 회사의 취업규칙과 비교해보는 것도 근무조건
의 기준을 익히는 데 도움이 됩니다.

❷ 취업규칙 변경에 동의하라고요?

자주 있는 일은 아니지만, 회사 생활을 하다 보면 사업주나
관리자로부터 취업규칙 변경에 동의하는 서명을 하라는 요구를 받
기도 합니다. 대부분의 직원이 서명을 하지만 왜인지 모를 찝찝함을
지울 수 없습니다. 이 상황에 대처하기 위해 '불이익 변경'이라는 개
념을 이해해야 합니다.

일반적으로 취업규칙을 새로 작성하거나 기존 취업규칙의 내
용을 변경할 때 그 권한은 사업주에게 있습니다. 회사 내 직원 절반
이상의 의견을 청취해야 하지만, 어디까지나 청취일 뿐 사업주가 이
를 수용할 의무는 없습니다.

하지만 취업규칙을 근로자에게 불리하게 변경한다면 사정이
다릅니다. 사업주는 이를 일방적으로 결정할 수 없으며 반드시 전체
직원 절반 이상의 동의를 얻어야 합니다. 따라서 회사가 취업규칙 변
경에 동의하는 서명을 요구할 때는 근로자에게 '불이익 변경'의 소지
가 있기 때문이며, 이 사항을 꼼꼼히 따져보고 동의 여부를 결정해

야 합니다.

❸ 개별적 또는 집단적 노사관계

　　예외가 있긴 하나 근로계약서와 취업규칙의 내용 작성에 있어서 사업주는 근로자보다 권한이 강합니다. 사업주가 제안한 근로계약이나 취업규칙의 내용 수정을 요구하는 것은 개인 근로자에게 쉽지 않은 일입니다. 연말 혹은 연초에 진행하는 연봉 협상을 떠올리면 쉽게 이해할 수 있습니다. 사장님은 '원하는 연봉 액수를 불러보라'고 하지만, 사실 답은 정해져 있습니다.

　　근로자와 사업주가 일대일로 체결하는 근로계약이나 연봉계약 등을 두고 '개별적 노사관계'라고 합니다. 이에 반해 근로자들이 집단을 구성해 개인일 때보다 상대적으로 사업주와 대등하게 근로조건 결정과정에 참여하는 방법도 있습니다. 이를 '집단적 노사관계'라고 하는데, 가장 대표적인 조직이 바로 '노동조합'입니다.

노동조합 및 노동관계조정법 제1조(목적)
이 법은 헌법에 의한 근로자의 단결권·단체교섭권 및 단체행동권을 보장하여 근로조건의 유지·개선과 근로자의 경제적·사회적 지위의 향상을 도모하고, 노동관계를 공정하게 조정하여 노동쟁의를 예방·해결함으로써 산업평화의 유지와 국민경제의 발전에 이바지함을 목적으로 한다.

노동조합은 '근로자가 주체가 되어 자주적으로 단결하여 근로조건의 유지·개선 기타 근로자의 경제적·사회적 지위의 향상을 도모함을 목적으로 조직하는 단체 또는 그 연합단체'를 말합니다. 우리나라 헌법은 단결권, 단체교섭권, 단체행동권에 해당하는 노동3권을 보장하고 있습니다. 단결권은 노동조합을 결성할 권리, 단체교섭권은 노동조합이 노동조건의 결정을 두고 사업주와 교섭할 수 있는 권리, 마지막으로 단체행동권은 교섭이 난항일 때 노동조합이 집단행동을 취할 수 있는 권리를 말합니다.

노동조합의 교섭으로 체결된 단체협약은 집단적 노사관계에 따른 만큼 노동자에게 이로운 규정이 담길 개연성이 높으며, 또한 개별 노사관계의 상위 규범이라 근로계약과 취업규칙보다 우선적으로 적용됩니다. 일반적으로 노동조합이 임금 인상을 목적으로 만들어졌다고 알려졌지만 꼭 그렇지만은 않습니다. 회사 내 고용의 위협

이 발생할 때 노동조합을 설립하는 경우가 많으며 근로조건에 관한 결정뿐 아니라 기업조직의 민주적 운영과 경영의 합리화 등에 노동 조합이 기여하는 바도 적지 않습니다. 회사 내에서 발생하는 분쟁이나 어려움에 개별적으로 대응하기보다 요구가 일치하는 근로자들이 노동조합을 구성해 대처하는 것이 보다 효과적일 수 있습니다.

❹ 당신과 회사가 지켜야 할 네 가지

근로계약서, 취업규칙, 노동조합의 단체협약, 근로기준법과 같은 노동법, 이 네 가지는 당신의 근로조건을 규정하는 체계입니다. 근로계약은 사업주와 근로자가 일대일로 근로조건의 기초사항을 계약으로 체결하는 것입니다. 취업규칙은 사업주가 만들고 사업주와 근로자가 준수하는 규칙으로 흔히 '내규'라고도 합니다. 그리고 단체협약은 노동조합이 있는 경우 근로자를 대표하는 노동조합과 사업주가 교섭으로 체결한 규정을 말합니다. 그리고 마지막으로 근로조건의 최저수준을 보장하기 위한 강행규정으로 구성된 근로기준법을 포함한 노동법이 있습니다.

이를 적용할 때 두 가지 중요한 원칙이 있습니다. 바로 '상위 규정 우선적용의 원칙'과 '유리한 조건 우선의 원칙'입니다. '상위규정 우선적용의 원칙'은 하위규범 내용이 상위규범에서 정한 기준을 벗어나거나 어긋날 경우 해당 부분을 무효로 처리한다는 것입니다.

즉 취업규칙에 있는 내용이 노동법을 위반한다면 그 해당 조항은 자동으로 무효가 된다는 것입니다.

'유리한 조건 우선의 원칙'은 상위규정 우선적용과 조금 상반됩니다. 하위규범이라고 하더라도 상위규범보다 근로자에게 더 유리한 조건이라면 하위규범을 우선 적용한다는 이야기입니다. 그 예로 단체협약에서 3년 차 근로자의 임금을 200만 원으로 규정했을지라도 근로자의 근로계약서에 임금이 250만 원으로 되어 있다면 임금은 250만 원입니다.

이렇게 보면 근로조건의 결정체계가 근로자에게 너무 유리한게 아닌가 생각할 수도 있습니다. 하지만 현실적으로 사업주와 근로자의 관계에서 근로자가 더 불리한 위치에 있을 수밖에 없습니다. 그렇기 때문에 노동법은 최대한 근로자의 근로조건을 보호하기 위해 만들어진 규범입니다.

근로조건을 규정하는 체계

| 근로기준법 |
| 단체협약 |
| 취업규칙 |
| 근로계약서 |

4.
이런
회사에
유의하세요!

❶ 한국형 블랙기업

'블랙기업'은 일본 청년들이 부당한 노동 현실을 인터넷에 표현하면서 사용한 용어입니다. 일본의 청년단체 'POSSE'가 이를 개념화하면서 '법령에 어긋나는 조건의 비합리적인 노동을 젊은 직원에게 의도적·자의적으로 강요하는 기업', 즉 '노동착취가 일상적·조직적으로 이뤄지는 기업'이라고 규정했습니다. 한국에서는 청년유니온이 2015년 청년들의 잔인한 노동 현실을 고발하며 '한국형 블랙기업'을 연구해 그 지표를 발표했습니다.

분류	항목
고용불안정	정규직 희망고문
	인턴 · 실습 · 수습 채용의 무제한적 남용
	근로계약 자체의 무질서함
장시간 노동	야근 · 주말근무 등 초과근무 강요(과도한 업무)
	시간외수당 미지급 · 과소지급
	휴식 · 휴가제도 사용 제한
직장 내 괴롭힘	비인격적 대우 · 폭언(인격권 침해)
	실적 관리를 위한 압박과 비난(경영전략)
	퇴사를 유도하기 위한 의도적 배제 · 무시
폐쇄적 소통구조	의견 개진 · 문제 제기 자체 차단(발언 금지)

한국형 블랙기업은 청년의 절박한 처지와 불안정한 지위를 악용해 일상적 착취와 비합리적 노동조건을 강제합니다. 더불어 기업에서 갈등이 벌어졌을 때, 이를 집단 내에서 확인하고 조정할 수 있는 조직문화와 질서가 부재한다는 것도 나타났습니다. 결국 일터에 진입할 때도, 일터에서 어려움이 발생했을 때도 모든 문제의 책임

은 '개인'에게 돌아가는 셈입니다.

대부분의 청년은 충분히 진로 탐색을 할 수 있는 시간과 기회와 여유 없이 구직시장에 뛰어듭니다. 그러다 보니 구직을 준비하는 과정에서 초조함과 압박감으로 희망 직무 분야에 필요한 자격요건을 어떻게, 얼마나 갖출 것인지만 고민하기 쉽습니다.

불필요한 시간과 감정의 낭비를 줄이고 주체적으로 회사와 대면하기 위해서라도 '최소한의 근무환경' 기준선을 마련하는 것이 필요합니다. 내가 일을 더 잘하기 위해 갖춰져야 하는 근무환경은 구체적일수록 좋습니다(연봉, 근로시간, 회사 위치, 직원 수와 구성, 복리후생 등).

청년유니온은 한국에서 블랙기업을 퇴출하기 위한 제도 개선과 더불어 일터를 고민하는 청년이 블랙기업에 입사하지 않도록 하기 위해 체크리스트가 필요하다고 생각했습니다. 그동안 접한 사례를 토대로 '이런 회사는 블랙기업일 수 있으니 유의하라'는 의미로 부록을 준비했습니다.

① 대량모집과 상시채용 NO!

"채용공고가 자주 올라오는 곳은 무조건 패스해요. 연봉이 높아도 이유가 다 있더라고요. 기본급은 엄청 낮은데 야근을 많이 시켜서 연봉이 높은 경우가 대다수더라고요. 혹시 연봉이 높다 싶으면 네이버나 구글 등에 'OO 회사 면접 후기'를 검색해봐요."

–디자인 분야 구직 중인 C씨(이직 준비 5개월)

대량모집과 상시채용을 하는 회사의 경우 '대량으로 채용한 후 쓸 만한 사람만 남기는 일'이 잦습니다. 결국 회사에서 일을 가르쳐주고 성장할 수 있게 하기보다는 대량으로 채용해 경쟁시켜 소수만 남기는 일들이 벌어지곤 합니다. 회사가 급성장해 충원이 필요한 경우가 아닌데도 상시채용으로 기재하는 사례도 이에 해당합니다. 영업직의 경우 인턴을 대량 채용하고 인턴 기간 동안 영업수익을 기준으로 평가해 최종적으로는 소수만 채용하는 일들이 대표적인 사례입니다.

② 반복해서 채용공고를 올리는 회사 NO!

사례

[○○마케터 채용공고] 미디어의 '먹고사니즘'을 함께 해결할 동료…

2016. 5. 17. 물류로 보는 세상 ○○에서 마케터를 모십니다. 언론의 먹고사니즘을 위한 신규 사업 및 서비스기획 업무를 맡아줄 동료를 찾습니다. 2~3개월 인턴 기간 후 서로 일하는 게 재밌다 싶으면 정직원으로 전환하고 쭉 같이 일하시면 됩니다.

[○○신입기자 채용공고] 세상을 바꾸는 최전선에 동참할 분을…

2016. 6. 4. [신입기자 채용공고] 물류 전문 매거진 ○○에서 신입기자를 모십니다. 취재 및 기사 작성, 행사기획 등을 통해 유무형의 콘텐츠를 생산, 배포하는 일을 합니다. 2개월 인턴 기간… 지원하기.

[○○마케터 채용공고] 어마어마한 분을 모십니다.

2016. 7. 10. 사무실입니다. 나름 쾌적합니다. [마케터 채용 공고] 물류 전문 매거진 ○○에서 마케터를 모십니다. 마케팅/CS 파트를 집중적으로 맡아주실 분을 모십니다. 2개월 인턴 기간 후 서로 일하는 게 재밌다 싶으면 정직원 전환하고….

[○○편집기자 채용공고] 데이터 기반 콘텐츠 유통에 동참하실 분…

2017. 1. 23. 안녕하세요? 공급망 물류 전문매체 ○○입니다. 지난해 여름 이 자리를 통해 두 명의 기자와 콘텐츠마케터가 새롭게 합류했는데, 불과 6개월 만에 또다시 편집 및 교열기자를 신규 채용하게 됐습니다. 아직 생소하신 분들은….

근무조건이나 근무환경이 좋지 않아 지원자가 없거나 퇴사하는 사람이 많으면 채용공고 사이트에 같은 채용공고를 지속적으로 게재합니다. 채용공고가 반복해서 올라올 때는 '복붙' 하는 경우가 많아서 구하는 직무나 요구하는 이력 내용이 달라지지 않는 특징이 있습니다. 간혹 위 사례처럼 제목만 바꿔 새로운 채용공고처럼 각색하는 경우도 있으니 주의하시기 바랍니다.

③ 자격요건과 업무는 과다, 임금은 적은 회사 NO!

개발자 구함	디자이너 구함
asp, jsp, php, sql, ios, 안드로이드 가능자	일러스트·포토샵 가능자, 웹표준 코딩 가능자, 스크립트 가능자

*IT 기업의 채용공고

실제 수행하는 업무보다 많은 자격요건을 요구할 때는 인사담당자가 어떤 사람을 뽑아야 할지 모르는 경우가 많습니다. 업무체계가 부실하거나 무질서한 경우도 많습니다. 또한 두세 명의 업무를 한 명에게만 수행하게 하려는 목적으로 악용되기도 합니다.

④ 모호한 사항은 직접 물어보세요

"공고에 계약직/정규직이라고 쓰여 있어서 면접 볼 때, 고용형태가 어떻게 되는 거냐고 질문했더니, 우리 회사 모든 직원은 정규직인데 1년간 수습기간을 거친다는 애매한 대답이 돌아왔어요. 사실 '너는 계약직'이라는 말이잖아요."

—디자인 분야 구직 중인 C씨(이직 준비 5개월)

"채용공고에는 하루 8시간 근무, 평일 주 5일 근무라고 쓰여 있었는데 검색해보니 회사 운영시간은 월~토로 되어 있었어요. 그래서 물어봤더니, 격주 토요일로 근무한다는 답변을 들었어요. 그러면서 우리 회사는 유연하게 근무시간을 조정하니 안 되는 토요일은 팀원이랑 상의해서 바꾸면 된다고 얘기하더라고요."

—언론 분야 구직 중인 B씨(이직 준비 1년)

"입사하면 무슨 일을 하는 거냐고 물어봤을 때, 애매모호하게 대답을 하면 업무가 모호하다는 뜻이에요."

—기획 분야 구직 중인 A씨(이직 준비 7개월)

"연봉이 2800만 원인 걸 보고 갔는데, 1년 동안은 수습기간이라 2000만 원이라고 했어요. 그럼 혹시 수습기간 동안 어떤 교육이나 훈련을 받을 수 있는지 물어봤더니 대답을 못 하더라고요. 임금도 낮고 수습이라 짤리기도 좋다는 뜻이죠."

—마케팅 분야 구직 중인 A씨(구직 준비 1년)

실제 업무나 근무환경이 채용공고와 다른 경우가 많습니다. 면접을 보거나 근로계약서를 작성하는 과정에서 꼼꼼히 확인하는 것이 필요합니다.

특히, 임금의 경우 '추후 협의'가 많습니다. 이럴 경우 ⑴업무 내용과 자격요건이 비슷한 '업계평균임금' 확인, ⑵포괄임금으로 계약하는 경우가 많으니 '기본급과 그 외 수당'을 나눠 확인, ⑶수습기간 적용 등을 사전에 확인해야 불상사를 막을 수 있습니다.

❷ 악덕 사업주 걸러내는 법

사실 조금만 신경 쓴다면 최선을 선택하지는 못하더라도 최악을 피할 수는 있습니다. 그중에 가장 신경 써서 봐야 할 곳이 고용노동부 홈페이지입니다. 고용노동부는 근로기준법에 의거해 매년 8월 31일 임금체불 사업주 명단을 공개합니다. 여기에는 3년 이내에 3천만 원 넘게 임금을 체불해 2회 이상 유죄로 확정된 악덕 사업주들이 올라와 있으니 꼭 확인해야 합니다.

고용노동부 홈페이지→정보공개→체불 사업주 명단공개→검색

02

권리는
챙기면서
일해요

쳇바퀴 도는 일상이 이어지고, 근로시간 내내 퇴근을 기다리는
영혼 없는 상태로 하루를 보내다 보면, 우리는 간혹 우리의 권리를
잊곤 합니다. 2부에서는 우리가 일터에서 보장받아야 할 권리에 대해
알아보려고 합니다.

  먼저 노동의 대가로 받는 임금입니다. 일하는 목적이 오로지
'돈'이라고 할 수는 없지만, 임금은 일하는 사람이 가장 기본적으로
보장받아야 하는 권리입니다. 그리고 조화로운 삶을 위해 근로시간이
온전히 지켜지는 것 또한 굉장히 중요합니다. 장시간 노동은 번아웃, 우울,
불안, 스트레스를 초래하고, 그 직장에서 계속 일하기 어렵게 만드는
주요인 중 하나입니다. 안전하게 일할 권리도 있습니다. 산업재해 예방은
기본이고, 직장 내 성희롱 문제 등 일터에서의 안전은 업무지시를 매개로
한 권력관계 속에서 나의 인격을 지키기 위한 권리라고 볼 수 있습니다.
따라서 일하면서 발생할 수 있는 여러 상황에 어떻게 대처해야 하는지
반드시 알고 있어야 합니다.

1.

일한 만큼 받아야죠

❶ 임금명세서 해부하기

구직자, 첫 월급으로 가장 하고 싶은 일은?

부모님께 용돈 드리기	30.35%
평소 갖고 싶었던 것 구매	20.77%
적금통장 개설	18.13%
학자금대출 상환	14.66%
지인 선물	6.11%
부모님으로부터 독립	4.48%
취미생활에 투자	3.67%
미용 비용으로 지출	1.83%

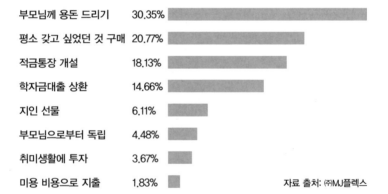

자료 출처: ㈜MJ플렉스

처음 직장에 들어가면 가장 기다려지는 것이 첫 월급날입니다. 낯선 곳에 적응하랴, 회사 사람들과 친해지랴, 업무 파악하랴, 하루하루 정신없이 일하다 보면 첫 월급날이 찾아옵니다. 일을 하고 정당한 대가를 받는 것인데도 괜히 기분이 좋습니다. 하지만 그 내역을 자세히 파악하고 있는 경우는 드뭅니다. 내가 받는 월급은 어떻게 구성돼 있고, 과연 일한 만큼 받고 있을까요? 이를 알기 위해 살펴봐야 할 것은 무엇일까요?

임금 내역을 보여주는 것이 임금명세서입니다. 내가 받는 월급이 어떻게 구성되고 어떤 항목이 빠져나갔는지 알 수 있는 문서지만, 막상 처음 보면 뭐가 뭔지 이해하기 어렵습니다. 사례를 통해 일반적으로 월급에 어떤 항목들이 있는지 살펴보겠습니다.

지급내역	지급액(원)	공제내역	공제액(원)
기본급	1,881,000	국민연금	95,580
연차수당		건강보험료	64,994
상여금		장기요양보험료	4,257
휴일근로수당	108,000	고용보험료	13,806
연장근로수당	135,000	소득세	23,380
복리후생비		주민세	2,330
		결근공제	
지급액 계 (A)	2,124,000	공제액 계 (B)	204,347
		차인지급액 (A-B)	1,919,653

① 지급내역과 공제내역

임금명세서에는 지급내역과 공제내역이 함께 있습니다. 지급내역은 기본급을 포함해 연장근로와 휴일근로에 대한 초과 근로수당, 연차수당이나 직책수당과 같은 기타 수당, 식비와 같은 복리후생비, 상여금 등으로 구성됩니다. 초과 근로수당은 정해진 근로시간보다 더 일하는 것에 대한 수당이고, 연차수당은 한 직장에서 일한 기간이 길어지는 것에 대한 수당이며, 직책수당은 맡은 직책에 따라 추가로 지급되는 수당입니다. 상여금은 흔히 '보너스'라고 부르는 부분입니다. 업무 성과가 높아서 지급되거나 명절 등에 격려 차원에서 지급되기도 합니다. 공제내역에는 미리 임금에서 걷어가는 세금, 사회보험료, 노동조합비 등이 포함됩니다. 세금과 사회보험료는 요율이 고정적으로 정해져 있습니다.

앞의 예시의 경우 세전 월급은 2,124,000원, 세후 월급은 1,919,653원이 됩니다. 여기서 세전 월급이 근로계약서의 내용과 같아야 합니다. 해당 월에 공휴일이 끼어 있거나 해서 차이가 있을 수는 있습니다.

직장에 따라서 월급 지급과 함께 확인할 수도 있지만, 아닌 경우도 있습니다. 아쉽게도 현행 근로기준법과 고용노동부 행정해석상 임금명세서 발급이 의무는 아니기 때문에 요청해도 회사가 거부할 수도 있습니다.

② 4대보험, 내일의 불안을 지켜줍니다

> "해주는 거 없이 세금에 보험료까지 떼어가고 얇아진 월급 봉투에 한숨이 나와요."
> "4대보험에 가입 안 하면 월급을 좀 더 높게 준다고 해서 그러기로 했어요."

우리는 휴대전화의 고장이나 도난 등에 대비하기 위해, 자동차 운전 중 사고에 대비하기 위해 보험에 가입합니다. 우리 사회의 보편적 위험에 대비하기 위한 것이 바로 사회보험제도이고, 이를 4대보험이라고 합니다. 노후의 생계를 위해 국민연금에, 아프거나 다쳤을 때 혜택을 받기 위해 산업재해보험에 가입합니다.

4대보험은 근로자와 사용자가 공동으로(산재보험의 경우 사용자만) 보험료를 부담합니다. 당장은 돈이 아까울 수 있습니다. 하지만 사업주와 공동으로 부담해 혜택을 보는 만큼 4대보험에 가입하는 것은 근로자에게 이익입니다.

4대보험의 종류와 내용

	가입 대상	보험료 부담	보험료율 (2018년 기준)	혜택
국민연금	주 15시간 (월 60시간) 이상 일한 근로자	근로자 50%+ 사용자 50%	전년 월 소득 4.5%	10년 이상 가입 후, 나이가 61~65세를 넘으면 이후 납부 금액에 따라 연금을 받음.
건강보험	주 15시간 (월 60시간) 이상 일한 근로자	근로자 50%+ 사용자 50%	전년 월 평균 보수 3.12%	2년마다 일반건강검진을 무료 제공하고, 각종 병원비와 의약품비 등 보조.
고용보험			월 평균 보수 0.65%	실직 전 18개월 중 6개월 이상 일한 경우 3개월 가량 실업급여를 받음.
산재보험	모든 근로자	사용자 100%	0%	일하다 다치거나 사고가 발생하면 각종 치료비와 보험금을 받음.

TIP

– 산재보험에 가입돼 있지 않아도 일하다 다치면 병원에서 산업재해로 처리할 수 있습니다.
– 고용보험에 가입돼 있지 않아도 고용보험 피보험자격 확인 청구를 통해 보험료를 납부하면 실업급여를 받을 수 있습니다.

"처음에는 별 생각 없이 주는 대로 받았어요. 그런데 어느 순간 야근이 많아졌는데도 매달 받는 월급은 똑같더라고요. 뭔가 이상한데 어떻게 해야 하나 싶어요."

– 첫 직장을 다닌 지 6개월 된 A씨

근로자가 연장근로를 빈번히 한다는 이야기를 하면 상담 중에 시간당 임금을 꼭 계산해보라고 조언합니다. 매달 근로시간이 불규칙하고, 연장근로의 임금을 어떻게 받아야 하는지 정확히 알기 어렵기 때문입니다. 임금을 제대로 받고 있는지를 확인할 때 꼭 알아야 하는 것이 바로 '통상임금'입니다. 통상임금은 언론이나 소셜네트워크서비스(SNS)에서 한 번쯤 들어봤지만 익숙하지 않은 용어일 것입니다. 그게 내 임금과 어떤 연관이 있는지 살펴보겠습니다.

① 임금 계산의 기준점, 통상임금

통상임금은 소정근로시간에 따라 정기적으로 받는 임금을 의미합니다. 기본급으로 생각할 수도 있지만, 직책수당이나 기술수당처럼 매달 같은 금액의 임금을 받고 있다면 그것 역시 통상임금에 포함됩니다. 상여금이라는 명목으로 지급되는 경우도 포함합니다. 이러한 수당 같은 게 없다면 기본급을 생각하시면 됩니다.

통상임금은 연장근로수당 등 더 받아야 하는 임금을 계산하는 기준이 되기 때문에 중요합니다. 그동안 기업에서는 전체 통상임금의 규모를 줄이기 위해 기본급은 줄이고 상여금이나 수당은 늘리는 편법을 써왔습니다. 통상임금이 기본급과 동일시됐기 때문입니다. 하지만 최근 들어 매달 정기적으로 지급되는 업무 관련 임금 모두가 통상임금에 포함되는지 논쟁이 진행 중입니다. 2017년 8월, 서울중앙지법은 기아자동차가 지급한 정기상여금이 통상임금에 해당한다고 판결했고, 2018년 현재 상급심이 진행되고 있습니다.

그러면 통상임금은 어떻게 계산할까요? 간단히 말하자면 월급에서 연장, 야간, 휴일근로 등을 제외하고, 매월 정기적으로 받는 기본급과 수당, 상여금을 합친 것이 월 통상임금입니다. 이것을 일주일에 한 번씩 제공되는 유급휴일(주휴수당)을 포함한 월 소정근로시간으로 나누면 시간당 통상임금이 나옵니다.

$$\frac{(월\ 통상임금)}{(월\ 소정근로시간)} = (시간당\ 통상임금)$$

통상임금 계산

근로시간	월급	월 소정근로시간	시간당 통상임금
주 40시간 근로	1,881,000원	월 209시간	9,000원
주 35시간 근로	1,737,313원	월 183시간	9,494원
주 10시간 근로	365,000원	월 43시간	8,488원

여기서 월 소정근로시간은 일하기로 정한 시간입니다. 여기에는 월 단위로 환산한 근로시간에 주휴수당(유급주휴)이 포함됩니다. 주 15시간(월 60시간) 이상 일한 경우 매주 하루치 임금이 유급주휴로 추가됩니다. 주 40시간 이상 근로한 경우 유급주휴는 8시간으로 계산하면 됩니다.

$$[(주간\ 근로시간)+(유급주휴)]\times\frac{365일}{7일\times12개월}=(월\ 소정근로시간)$$

② 유급주휴, 일주일에 하루는 돈 받고 쉬는 날

근로기준법에는 일주일에 하루 이상 임금을 받으면서 쉴 수 있는 유급휴일을 보장하도록 되어 있습니다. 일주일 동안 일하면 하루는 돈을 받으면서 쉴 수 있는 것입니다. 이걸 주휴수당(유급주휴)이라고 부릅니다. 그래서 통상임금을 계산할 때는 유급휴일을 시간에 포함시켜야 합니다.

근로계약서를 작성할 때 지정하는 '주휴일'이 바로 근로기준법 제55조에서 이야기하는 유급휴일입니다. 단, 주휴수당에는 세 가지 조건이 필요합니다. (1)주당 소정근로시간이 15시간 이상이어야 하고, (2)다음 주에 출근이 예정돼 있어야 하며, (3)그 주에 결근이 없어야 합니다. 결근은 조퇴나 지각이 아니라 온전히 하루를 빠진 경우입니다. 또한 사업주와 합의해 정해진 휴일이나 사업주의 요청으로 쉰 경우도 결근에 해당하지 않습니다.

월급 단위로 받는 임금에는 보통 기본급에 주휴수당이 포함돼 있습니다. 그래서 하루 8시간씩 주 5일로 주당 총 40시간을 일하면, 주휴수당을 포함해 주 48시간(월 209시간)만큼의 임금을 받을 수 있습니다.

주휴수당(유급주휴) 계산

주당 근로시간	주휴수당(유급주휴)	월 소정근로시간 계산 방법
주 40시간 초과	주당 8시간	$[(주당근로시간)+(유급주휴)\,8시간] \times \dfrac{365}{7 \times 12}$
주 40시간		209시간
주 15시간 이상 주 40시간 미만	주당근로시간÷40×8	$[(주당근로시간)+(유급주휴)] \times \dfrac{365}{7 \times 12}$
주 15시간 미만	없음	$(주당근로시간) \times \dfrac{365}{7 \times 12}$

사례

주 40시간보다 적게 일하면 주휴수당을 어떻게 계산하나요?
이 조항은 주 15시간(월 60시간) 이상 일하는 모든 노동자에게 적용됩니다. 여기서 1일치 임금은 일주일 동안의 근로시간을 주 5일제처럼 계산하면 됩니다.

B씨는 4주 동안, 매주 3일간 총 21시간씩 시급 8,000원에 일하기로 했습니다. 이때 주휴수당은 얼마일까요?

단시간 근로자(주 40시간 미만으로 일하는 근로자)는 통상 근로자(주 40시간 근로자) 기준으로 1일 근로시간을 환산해 주휴수당을 계산합니다.

$$8,000원 \times \frac{(단시간\ 근로자의\ 4주간\ 평균\ 근로시간)84시간}{(통상\ 근로자의\ 4주간\ 소정\ 근로일수)20일} = 33,600원$$

따라서 '총 84시간×시급 8,000원=672,000원'에 주휴수당 33,600원을 더한 705,600원의 임금을 받아야 합니다.

> "아니, 처음에 시간당 6,000원으로 합의하고 일했는데, 서로 동의했으면 된 거 아니야?"
>
> – 최저임금을 위반한 사업주 C씨

이따금씩 최저임금보다 낮은 금액으로 근로계약을 맺고 나서 사업주와 근로자가 모두 합의했으니 위법이 아니라고 말하는 경우가 있습니다. 하지만 노동은 단순히 물건처럼 사고팔 수 있는 상품이 아닙니다. 만일 최소한의 기준을 정하는 적절한 규범이 없다면, 사실상 노동을 공짜로 부리는 경우도 생길 수 있습니다. 그래서 한국도 다른 나라들처럼 최저임금을 지정해 임금의 최저수준을 보장하고 있습니다. 아무리 사업주와 근로자가 합의했어도 최저임금보다 낮은 임금을 주는 계약은 무효입니다.

최저임금을 정하는 이유는 근로자의 최소한의 생활을 보장하기 위해서입니다. 일하는 지역이나 업종, 나이에 상관없이 모든 근로자에게 적용됩니다. 2018년도 최저임금은 시간당 7,530원입니다. 주당 40시간 근로를 기준으로 한 월급은 1,573,770원입니다. 어느 지역에서든, 누구든, 어떤 일을 하든 이보다 낮은 임금을 받았다면, 그 차액만큼 임금체불에 해당합니다.

2018년도 최저임금 : 시간당 7,530원(주 40시간 기준, 월급 1,573,770원)
2019년도 최저임금 : 시간당 8,350원(주 40시간 기준, 월급 1,745,150원)
*모든 노동자에 적용(프리랜서나 개인사업자로 계약했어도 노동자로 인정받
으면 적용됨)

① 내 임금도 최저임금에 영향을 받을까?

보통 최저임금이라 하면 아르바이트나 시간제 근로자만 해당한다고 생각합니다. 하지만 통계에 따르면 최저임금에 영향을 받는 근로자는 전체 근로자의 17.4%(2017년 기준)에 이릅니다. 월급이 최저임금보다 높은 경우에도 실제로 임금명세서를 상세히 뜯어볼 필요가 있습니다. 한 달에 300만 원을 받는다 하더라도 기본급은 최저임금에 맞춰져 있고 나머지는 수당과 복리후생비, 상여금으로 지급되는 경우도 많습니다. 그래서 나의 임금은 최저임금 인상률에 따라 올라가는 겁니다.

한동안 말이 많았던 최저임금의 '산입범위 확대'가 바로 한 달에 300만 원을 받지만 기본급은 사실상 최저임금인 근로자들에게 해당하는 이야기입니다. 여러 논쟁과 주장이 존재하지만 여기서는 간단히 짚고 넘어가려 합니다.

그동안 근로자가 최저임금보다 임금을 적게 받는지 판단할 때 기본급을 기준으로 했습니다. 즉 기본급이 최저임금에 미치지 못한다면, 복리후생비나 상여금으로 아무리 월급을 많이 받아도 최저임금 위반으로 판단했습니다. 하지만 2018년 5월 국회에서 통과된

'최저임금법 개정안'의 최저임금 산입범위 확대에 따라 앞으로는 상여금과 복리후생비도 최저임금 위반 여부를 따지는 데 포함됩니다. 거꾸로 생각하면, 회사 내에서 사업주와 연봉협상을 하지 못하고 오롯이 최저임금 인상으로 임금이 오르던 근로자들이 더 이상 최저임금 인상으로 월급이 오르지 않게 된 것입니다.

최저임금 산입범위와 관련한 논쟁이 격렬하게 진행된 이유도 앞서 말한 것처럼 현재 임금을 최저임금보다 훨씬 높게 받더라도 사실상 최저임금의 영향을 받는 경우가 많기 때문이었습니다. 이처럼 최저임금이 사회적 이슈로 떠오를 정도로 인식도 많이 확산됐고 금액도 대폭 인상됐지만 여전히 최저임금보다 낮은 임금을 받는 사람이 전체 근로자의 13.6%(2016년 기준)에 이르고 있습니다.

② 최저임금이 지켜지는지 확인하기

최저임금은 임금을 받고 일하는 근로자에게 가장 기본적으로 보장돼야 하는 규범 중 하나입니다. 그렇다면 내가 받는 임금이 최저임금을 지켰는지 어떻게 확인할 수 있을까요? 주 40시간 근로계약을 한 경우 월급 중에 기본급이 1,573,770원보다 높은지 확인하면 됩니다. 다만 앞서 말한 것처럼 2019년부터는 상여금과 복리후생비까지 종합적으로 판단해야 합니다. 하지만 사업장마다 그리고 근로자마다 상황이 달라 우선은 기본급만을 기준으로 이야기하려 합니다.

D씨는 2016년 5월에 입사해 지금까지 일하고 있습니다. 점심시간을 빼고 하루 8시간씩 일주일에 5일 일하는 것으로 월급 150만 원에 근로계약을 맺었습니다. 지금도 변함없이 150만 원을 받고 있습니다. 임금이 인상되면 좋겠지만, 회사의 권한이니 어쩔 수 없다 생각하고 있습니다. 올해 최저임금이 대폭 올랐다는 소식을 들었지만, 자신은 월급 받는 직장인이니 상관없다고 생각했습니다. 정말로 문제가 없는 것일까요?

이해를 조금 쉽게 하기 위해 하나의 사례를 가져왔습니다. 임금을 월급이나 연봉으로 근로계약을 했더라도 시급으로 환산해 최저임금에 미치지 못하면 최저임금 위반입니다. 위 사례의 경우 주 40시간 근무이므로 유급휴일까지 포함해 월 소정근로시간은 209시간입니다. 월급을 월 소정근로시간으로 나누면 시급은 7,177원입니다. 2017년도 최저임금은 6,470원이니 2017년까지는 법적으로 문제가 없습니다. 하지만 2018년도 최저임금은 7,530원이므로 최저임금을 보장받지 못한다고 볼 수 있습니다.

최저임금법은 노동법 중 하나입니다. 즉 근로계약보다 상위 규범이기 때문에 최저임금법을 우선 적용합니다. 그래서 해가 바뀔 때 근로계약서를 다시 쓰거나 연봉협상을 하지 않았어도 만약 지금 받는 임금이 최저임금에 미달이라면 자동으로 임금을 올려서 지급해야 합니다.

만일 근로계약에서 정해진 근로시간이 주 40시간이 아니라면, 월 소정근로시간을 계산해 시간당 최저임금을 곱해야 합니다. 가령 주 35시간 일한다면, 유급주휴는 7시간이므로 월 소정근로시간은 183시간입니다. 따라서 이 경우 월 최저임금은 1,377,990원(2018년도 기준)이고, 기본급이 그보다 높은지 확인해야 합니다.

$$[(주간\ 근로시간)+(유급주휴)] \times \frac{365일}{7일 \times 12개월} = (월\ 소정근로시간)$$

$$(월\ 소정근로시간) \times (시간당\ 최저임금) = (월\ 최저임금)$$

사례

시급이 최저임금 이상이면 문제없는 거죠?
시급 단위로 임금을 받는 경우, 시급이 최저임금 이상이면 별 문제 없다고 생각하기 쉽습니다. 하지만 별도로 주휴수당을 지급하지 않는 경우도 많기 때문에 실제로 계산하면 최저임금 위반이 많습니다.

C씨는 어느 카페의 아르바이트 모집공고를 통해 일하게 됐습니다. 모집공고에는 평일 오후 2시부터 10시까지, 주 5일로 시급은 8,300원이었습니다. 4주간의 임금으로 총 160시간×시급 8,300원=1,328,000원을 받았습니다. 그러던 중 주휴수당에 대해 알게 된 C씨가 사장에게 이를 요구했으나 사장은 시급에 포함됐다고 주장했습니다. 이렇게도 가능할까요?
근로계약서에 주휴일이 어느 요일인지 명시됐다면 기본 시급에 포함됐다고 볼 수 있습니다. 이 경우 주 40시간 근로이므로 매주 8시간에 해당하는 주휴수당이 발생합니다. 4주 동안의 최저임금은 2018년도 기준으로 1,445,760원입니다. C씨가 받은 임금은 주휴수당이 포함됐어도 시간당 임금을 계산하면 6,917원으로 최저임금 위반입니다.

즉 주휴수당을 기본시급에 포함시킬 수는 있으나 그렇게 계산된 시급은 최저임금을 준수해야 합니다. 따라서 차액에 해당하는 117,760원에 대한 지급을 요구할 수 있습니다.

만약 근로계약서에 주휴일이 따로 명시되지 않았다면 시급 8,300원×8시간×4주=265,600원에 해당하는 4주간의 주휴수당을 별도로 지급해야 합니다.

③ 너는 수습인데, 무슨 최저임금이야?

일을 구하다 보면 '3개월 수습기간 적용'이라는 말을 심심치 않게 볼 수 있습니다. 그리고 수습기간 동안 원래 공고한 임금보다 더 적게 주는 경우도 있습니다. 하지만 수습기간이라 하여 최저임금을 보장받지 못하는 것은 아닙니다. 수습기간이라도 최저임금의 90% 이상(2018년 기준 6,777원)을 줘야 합니다.

수습기간 동안 최저임금의 90%를 적용할 수 있는 요건은 ⑴ 근로계약 기간을 1년 이상 맺은 상태에서 ⑵고용노동부 장관이 정한 단순노무업종이 아니어야 합니다. 여기서 말하는 단순노무업종은 편의점, PC방, 음식점처럼 업무 숙지기간이 짧은 업종을 말합니다. 그리고 이 두 가지 요건을 충족하더라도 3개월까지만 적용할 수 있으며, 3개월을 초과하면 최저임금을 모두 보장해야 합니다.

그리고 수습과 비슷하게 인턴이나 시용으로 일하는 경우에도 근로자성이 인정된다면 최저임금 100%를 준수해야 합니다. 다만 인턴은 아르바이트처럼 법에서 그 개념을 규정하지 않고, 상황에 따라 근로자가 아닌 교육생으로 보는 경우가 있어 분쟁의 소지가 있는 편입니다.

❹ 야근을 해도 월급은 그대로? 포괄임금제 논란

'일한 만큼 받는다'는 너무나도 당연하고 상식적인 이야기지만, 장시간 노동이 일상인 현실 속에서 일한 만큼 임금을 받는 청년들은 많지 않습니다. 오히려 받는 임금보다 더 많은 시간을 '공짜 야근'에 시달리는 경우가 훨씬 많습니다. 그 이유는 바로 '포괄임금제'에서 찾을 수 있습니다.

포괄임금제는 '일하기 전, 법에 정해진 주 40시간을 초과해 더 일할 것을 예측해 임금을 정하는 것'을 말합니다. 예를 들어 회사의 특성상 평균적으로 일주일에 10시간씩 연장근로를 하는 것으로 예측해 임금을 정하는 것입니다. 이런 경우 실제 근로시간에 따라 임금을 계산하지 않고, 미리 정해진 임금을 지급합니다.

본래 포괄임금제는 실제 근로시간을 산정하기 어려운 경비 업무와 같은 감시·단속적 근로자나 외근이 많은 영업직 근로자들의 생활을 안정적으로 보장하기 위해 허용된 임금지불 방식입니다. 하지만 현실에서는 이러한 취지와 다르게 근로시간 산정이 가능한 경우에도 임금계산의 편의를 위해 포괄임금제를 적용하고 있습니다. 다음 사례와 같이 '공짜 야근'에 시달리는 이들이 비단 게임업계에만 존재하지 않습니다. 수많은 청년이 포괄임금제를 명목으로 저임금에 장시간 노동을 이어가고 있습니다.

사례

> 게임업체에 근무하는 프로그래머 E씨, 연봉 2,400만 원으로 한 달에 200만 원을 받습니다. 오전 10시에 출근하는 그는 하루 8시간 근무를 기준으로 정상 퇴근시간인 오후 7시에 퇴근한 게 언제인지 기억도 나지 않습니다. 게임 출시를 앞두고는 준비하느라, 게임이 출시되고는 버그를 수정하느라, 게임이 자리를 잡으면 곧바로 새로운 게임 개발에 투입되느라 끊임없는 야근에 휴일근무임에도 날을 넘겨 퇴근하기 일쑤입니다. 하지만 아무리 많은 시간을 일해도 그에게 시간외수당은 지급되지 않습니다. 그가 이렇게 '공짜 야근'에 시달리는 이유는 바로 포괄임금제 때문입니다. 더 일한 만큼 연장, 휴일, 야간 수당을 받을 수 없냐는 A씨의 문의에 회사는 이미 A씨가 받는 월급 200만 원에 포괄임금제로 초과근무 수당이 포함돼 더 지급할 수 없다는 답변을 내놓았습니다.

임금의 기본 원칙은 '일한 만큼 받는다'입니다. 포괄임금제는 실제 근로기준법에 명시한 제도가 아닙니다. 예외적인 상황에서만 대법원의 판례로 인정한 방식입니다. 포괄임금제 분쟁에서 법원이 '사용자가 임금 계산상의 편의를 위해 근로자에게 실제 불이익이 없었다면 포괄임금제 체결이 유효해 회사가 초과로 일한 시간에 대한 임금을 더 지급할 의무가 없다'고 판결하면서 이러한 관행이 굳어졌습니다.

---

1 '[판례해설] 포괄임금약정의 성립 및 유효성 판단 기준', 〈법률신문〉, 2017년 6월 28일자.

하지만 '일한 만큼 받는다'는 노동의 기본 원칙을 무시하는 포괄임금제의 폐해가 심각하고 규제가 필요하다는 비판에 따라 대법원 역시 포괄임금제를 엄격히 규제하는 판례를 내고 있습니다. 정부에서도 '포괄임금제 사업장 지도지침[2]'을 통해 포괄임금제를 인정하는 경우를 규율하고 있습니다.

정부의 지도지침에 따라 사업주가 포괄임금제를 적용하려면 두 가지 요건을 충족해야 합니다. (1)근로시간 산정이 어렵고 (2)근로계약서에 기재하고 근로자가 동의하는 경우에만 포괄임금제를 적용할 수 있습니다. 그러나 포괄임금제를 적용하더라도 '연차유급휴가 미사용수당'을 포괄임금에 포함할 수는 없습니다. 이는 휴가 사용권을 사전에 박탈하는 경우이기 때문입니다.

앞서 E씨의 사례는 사무실에서 업무를 처리하므로 '명확히 근로시간 산정이 가능한 상황'이니 회사는 정확한 근로시간을 산정해 초과근로에 대한 시간외수당을 지급해야 합니다. 이 경우에는 애시당초 포괄임금제가 성립할 수 없습니다.

2 고용노동부, 2017.10.

TIP

근로시간 산정이 어려운 경우(예)

1. 관리자의 지휘/감독을 벗어나 주로 사업장 밖에서 근로하며 근로시간을
   노동자가 재량으로 결정하고, 성과급 형태로 임금을 지급받는 경우
2. 업무가 기상/기후 등 자연조건에 좌우되어 정확한 근로시간의 측정이
   어려운 경우
3. 주로 사업장 밖에서 근로하면서 상황에 따라 근로시간의 길이가 결정되
   는 경우
4. 업무가 간헐적이고 대기시간이 많아 실제 근로시간 산정이 어려운 경우

고용노동부 포괄임금제 지도지침(2017.10)

*위와 같은 경우가 아니라면 포괄임금제 적용 대상이 아닙니다!!!

그리고 만약 위의 요건에 해당돼 포괄임금제 대상으로 합의
해 근로계약을 체결했어도 미리 산정한 근무시간보다 더 많은 시간
일했다면 '더 일한 부분에 대해 추가적으로 시간외수당을 요구'해
받을 수 있습니다. 임금의 기본 원칙은 '일한 만큼 받는다'이기 때문
입니다.

2.

칼퇴가
아니라
정시퇴근

근로시간은 임금과 더불어 가장 중요한 근로조건입니다. 우리가 통상적으로 알고 있는 월급은 '시급×노동시간'을 합산한 금액입니다. 만일 일을 하고도 정확하게 측정되지 않는 근로시간이 있다면 노동자는 그만큼 손해를 보는 것입니다. 때문에 자신의 근로시간과 그에 따른 임금을 정확히 알아야 정당한 대가를 받을 수 있습니다.

경제협력개발기구(OECD) 발표에 따르면 우리나라는 취업자 1인당 연간 평균 노동시간이 멕시코에 이어 두 번째로 많은 나라입니다. 한국 근로자의 연간 근로시간은 2,069시간(2016년 기준)으로 OECD 회원 35개국 평균(1,764시간)보다 305시간 많습니다. 이는 한 달 평균 22일 일한다고 가정했을 때, OECD 평균보다 1.7개월 가까이 더 일한 것입니다.

연간 근로시간 순위	국가	행복지수 순위
1위	멕시코	23위
2위	한국	29위
3위	그리스	32위
⋮	⋮	⋮
31위	덴마크	3위
32위	노르웨이	1위

자료 출처: OECD

　　과거에는 정해진 월급 안에서 시간 제약 없이 일을 시키는 것이 당연한 문화처럼 여겨졌습니다. 그러나 장시간 노동으로 인한 건강 악화 등의 문제로 우려의 목소리가 많습니다. 또한 일과 생활의 균형에 사람들의 관심이 늘어나면서 최근 정부의 정책도 노동시간을 정확히 측정하고 법정근로시간을 준수하기 위한 포괄임금제 개선 등의 제도적 장치를 마련해가는 추세입니다.

'야근각', '사무실 지박령'…. 직장인들이 집보다 회사에 더 오래 있는 모습을 대변하는 신조어들입니다. 2016년 진행한 설문조사에 따르면 한국 직장인들의 79%가 평균 4일 이상 야근을 하고 있습니다.[3]

직장인의 일 평균 초과 근무시간(야근)

시간	비율
1시간	10.8%
2시간	28.8%
3시간	30.0%
4시간	15.5%
5시간	5.8%
6시간	2.8%
7시간	0.7%
8시간	0.9%
9시간	0.6%
10시간	4.0%

---

3 구인구직 매칭 플랫폼 '사람인'이 직장인 1,698명을 대상으로 조사한 '직장인 야근 실태'(2016.07).

이제 막 입사한 신입사원의 경우 잦은 야근을 하는 사무실 분위기 때문에 정시퇴근이 어렵습니다. 이로 인해 많은 사람이 건강이 악화되거나 이직을 고민하기도 합니다.

우리가 일상적으로 이야기하는 야근과 법에서 말하는 야근은 조금 다릅니다. 법에서는 퇴근시간이 지났음에도 더 일하는 것, 소정근로시간을 넘겨서 일하는 것을 '연장근로'라고 합니다. 그리고 '야근(야간근로)'은 밤 10시부터 다음 날 오전 6시까지 일하는 것을 말합니다. 연장근로를 적게 할 수 있다면 더없이 좋겠지만, 어쩔 수 없이 정해진 시간보다 더 근무했다면 일한 시간만큼 임금을 제대로 받는 것 또한 매우 중요합니다.

① 법에서 정한 만큼 일하거나 돈을 더 받거나

근로기준법에서는 장시간 노동 방지를 위해 근로시간을 주 40시간, 1일 8시간으로 규제하고 있습니다.[4] 현재의 근로기준법은 하루 8시간, 주 5일제를 전제로 합니다. 우리가 통상적으로 알고 있는 오전 9시 출근, 오후 6시 퇴근(휴게시간 1시간 포함), 주 5일이 일반적인 근로시간 형태입니다. 8시간은 법적으로 정해진 상한근로시간이지만, 주 5일은 그렇지 않습니다. 예를 들어 일주일 중 주휴일 하루를 제외한 1일 5시간씩, 주 6일로 근로계약을 맺어도 위법은 아닙니다.

---

4 단, 15세~18세 미만인 청소년의 경우 주 7시간(근로기준법 제69조).

근로자와 사업주의 합의가 있다면 일주일에 최대 12시간까지 연장근로가 가능합니다. 만약 주 40시간 이상 일했거나 근로계약을 하루 5시간 근무로 했어도 이를 초과했다면 통상임금의 50%를 가산해서 지급해야 합니다. 또한 야간근로도 이에 대한 보상으로 통상임금의 50% 이상을 지급해야 합니다.

> **근로기준법 제56조(연장·야간 및 휴일 근로)**
> 사용자는 연장근로(제53조·제59조 및 제69조 단서에 따라 연장된 시간의 근로)와 야간근로(오후 10시부터 오전 6시까지 사이의 근로) 또는 휴일근로에 대하여는 통상임금의 100분의 50 이상을 가산하여 지급하여야 한다.

쉬는 날 일하는 것은 휴일근로입니다. 휴일이란 근로 제공의 의무가 없는 날을 말합니다. 이는 주휴일과 근로자의 날 등 법정 휴일을 말하며, 근로계약서와 취업규칙 등에서 정한 휴일도 포함합니다. 연장과 야간, 휴일 근로의 경우는 반드시 근로자와 사업주의 합의가 있어야 하며 휴일근로 역시 50%를 가산해서 받습니다.

일하는 동안 근로시간 기록은 필수!

근로시간 기록은 임금체불 등의 분쟁 발생 시 임금계산을 할 때 중요한 자료입니다. 따라서 일하는 중에도 자신의 근로시간을 정확히 확인해놓는 것이 필요합니다. 근로계약서가 가장 중요한 자료지만 아래의 방법으로 기록한 근로시간도 증거자료가 되니 틈틈이 챙겨놓으세요!

1. 평소에 카드 및 자필 작성의 출퇴근 기록부를 인쇄하거나 출력해서 확보해놓습니다.
2. 개인 다이어리 등에 출퇴근 시간을 적어놓습니다.
3. 사업장 안에서 시계가 보이게 출퇴근 시간에 셀카 사진을 찍습니다.
4. 사내 메신저나 SNS 등으로 나눈 대화 내용을 저장해놓습니다.

② 상시근로자 5인 이상 사업장에만 적용

모든 경우에 추가수당을 받을 수 있는 것은 아닙니다. 여기에는 '상시근로자 5인 이상'이라는 조건이 붙습니다. 그렇기 때문에 자신이 일하는 일터에 상시근로자가 몇 명인지 아는 것은 매우 중요합니다. 이 책에서 자세히 다루지는 않지만 상시근로자 인원에 따라서 회사는 취업규칙이나 노사협의회를 필수적으로 갖추도록 돼 있습니다.

상시근로자 수를 쉽게 설명하자면, 사업주가 사업장에서 하루 동안 고용한 사람의 수입니다. 즉 사장님과 그 가족을 제외한 직원 수를 말하는 것입니다. 예를 들어 오전에는 세 명이 일하고 교대해 오후에 세 명이 일했다면 해당 사업장의 상시근로자는 여섯 명이라고 볼 수 있습니다. 상시근로자 수는 원칙적으로 한 달을 기준으로 계산합니다. 사업장 근로자의 수가 퇴사나 채용 등의 이유로 변동하는 경우가 있기 때문에 한 달을 기준으로 평균을 내 상시근로자 수를 판단하는 것입니다.

$$\text{상시근로자 수} = \frac{\text{1개월 내에 사용한 근로자의 연인원 수}}{\text{1개월 내에 사업장 가동일수}}$$

사례

추가수당 계산하기

"시급 1만 원인데, 오후 12시에 출근해서 밤 11시까지 일했어요. 저녁(휴게시간 6~7시)에 1시간 쉬고요."

단순히 시급과 임금을 곱하면 1만 원×10시간=10만 원이지만, 연장 야간수당을 계산하면 13만 원으로 3만 원 차이가 납니다. 만일 월급 단위라면 더욱 큰 차이가 나겠죠? 수당 꼼꼼히 챙기세요.

근로시간	시간별 지급액	비고
12~18시	10,000원×6시간	1만 원
18~19시	0원	
19~20시	10,000원씩 지급×2시간	1만 원
20~22시	15,000원씩 지급×2시간	1만 원+5,000원(연장)
22~23시	20,000원씩 지급×1시간	1만 원+5,000원(연장)+5,000원(야간)
합계	130,000원	

연장·야간·휴일 근로 등 시간외근로는 시급(통상임금)의 50%를 가산해서 받아야 합니다.

❷ 4시간 일하면 30분 쉬어야

일을 잘하기 위해서는 적절한 쉼이 필요합니다. 근로기준법에는 장시간 노동으로 인한 근로자의 건강 악화와 피로 누적에 따른 산재 등을 예방하기 위해 휴게시간을 법으로 정하고 있습니다. 오전 9시부터 오후 6시까지 운영하는 회사의 경우, 낮 12~1시까지 휴게시간을 사용하면서 점심을 먹습니다. 휴게시간은 4시간에 30분씩,

8시간 근무를 했다면 1시간을 반드시 업무 중간에 줘야 합니다. 다만, 휴게시간은 근로시간이 아니므로 사용자에게 임금지급 의무는 없습니다.

근로기준법 제54조(휴게)
① 사용자는 근로시간이 4시간인 경우에는 30분 이상, 8시간인 경우에는 1시간 이상의 휴게시간을 근로시간 도중에 주어야 한다.
② 휴게시간은 근로자가 자유롭게 이용할 수 있다.

휴게시간은 근로자가 사용자의 지시·감독으로부터 온전히 벗어나 근로를 제공하지 않고 자유롭게 사용할 수 있어야 합니다. 휴게시간을 이용해 근무지를 나와 자유롭게 은행 업무를 보거나 잠을 자거나 PC방에 가는 것 등이 가능해야 합니다. 만일 외출을 제한하거나 휴게시간에 할 수 있는 것들을 사업장에서 제약한다면 이는 위법입니다.

근로기준법 제50조(근로시간)
③ 제1항 및 제2항에 따른 근로시간을 산정함에 있어 작업을 위하여 근로자가 사용자의 지휘·감독 아래에 있는 대기시간 등은 근로시간으로 본다.

TIP

1. 타 업체와의 미팅이 급하게 잡혀 점심시간을 이용해 차량으로 이동하였다. 이로 인해 차 안에서 급하게 식사를 할 수밖에 없었는데, 이는 휴게시간으로 볼 수 있을까?

답: 없다.

휴게시간은 사용자의 지시 감독으로부터 벗어나 자유롭게 사용할 수 있는 시간을 말하므로, 업무를 위해 이동하는 시간 역시 근로시간의 연장으로 봐야 합니다.

2. 점심시간에 회사 근처에서 밥을 먹다가 돌아오는 길에 넘어져 다리를 다쳤다. 업무상 재해(산재)로 인정받을 수 있을까?

답: 있다.

점심 식사, 생리적 행위, 업무 준비나 정리에 필요한 일을 하는 경우는 관리자의 지휘감독 하에 있는 것으로 판단합니다. 따라서 식사를 위해 이동하는 일은 업무를 위해 필수적인 것이므로 산업재해로 인정받을 수 있습니다. 다만 통상적인 휴게시간은 관리자의 지시감독을 받지 않는 것으로 보기 때문에 산업재해를 인정받기 위해서는 근로자가 그 행위의 업무연관성을 입증해야만 합니다.

2_ 권리는 챙기면서 일해요

3.
'일잘'은
휴식을
먹고 자란다

많은 직장인이 '시간빈곤'을 겪습니다. 시간빈곤이란 일주일 중 식생활 해결을 비롯해 집안일, 여가생활, 친구들과의 만남 등 개인의 사적 시간이 주당 근로시간보다 적은 경우를 말합니다. 한국고용정보원에 따르면 2015년 한국의 전체 노동인구 중 약 42%(930만 명)가 '시간빈곤'을 겪었다고 합니다. 그만큼 많은 근로자가 장시간 노동에 시달려 온전한 휴식과 자기관리를 하지 못한다는 얘기입니다.

많은 사업장에서 일을 오래하는 사람을 회사에 충성하는 사람, 일 욕심이 많은 사람이라며 치켜세우는 분위기가 만연합니다. 반대로 이에 적응하지 못하는 사람은 조직 내 부적응자로 낙인찍기도 합니다.

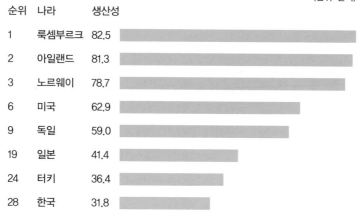

(단위: 달러)

순위	나라	생산성	
1	룩셈부르크	82.5	
2	아일랜드	81.3	
3	노르웨이	78.7	
6	미국	62.9	
9	독일	59.0	
19	일본	41.4	
24	터키	36.4	
28	한국	31.8	

※생산성: 근로자 한 명이 1시간당 창출하는 부가가치
자료 출처: 생산성본부, OECD 2015년 기준

　　그러나 장시간 노동은 업무의 효율성을 떨어뜨리는 대표적 요인입니다. 2015년 OECD 통계에 따르면 한국 근로자들의 노동생산성은 전체 34개 국가 중 28위로 평균에 한참 못 미칩니다. 연평균 근로시간이 한국보다 800여 시간이나 짧은 노르웨이가 노동생산성 순위가 3위인 것을 보면 충분히 놀고, 먹고, 자야 짧은 근로시간 동안 효율적으로 일할 수 있다고 여겨집니다.

　　관습처럼 이어지는 야근 문화는 근로자들의 휴식권을 침해하고 업무 생산성도 떨어뜨려 회사에 손해를 발생시킵니다. '일잘은 휴식을 먹고 자란다'라는 말이 있습니다. 근로기준법상의 휴일과

휴가의 규정이 지켜지고, 정시퇴근은 회사의 배려가 아닌 근로자의
권리임을 인식하는 직장 내 문화가 하루빨리 정착되어야 합니다.

❶ 야근의 대가를 휴가로, 보상휴가제

한 주간 근로계약상의 근로시간보다 연장해 근로를 했거나
야간 및 휴일 근로를 했을 경우 서면합의에 따라 임금 지급을 대신해
휴가를 줄 수 있습니다. 이를 법률용어로 '보상휴가제'라고 합니다.

만약 한 주에 40시간을 일하기로 한 근로자가 10시간 연장근
로를 했고, 그중 4시간 야간근로를 했다면 보상휴가를 얼마나 요구
할 수 있을까요? 한마디로 법정수당을 계산하는 것과 똑같은 원리
가 적용됩니다. 이를 계산하면 '(연장근로 10시간×1.5배)+(야간근로
4시간×1.5배)=총 21시간'의 보상휴가가 주어집니다. 사용 시기는 사
업주와의 서면합의에 따라 자율적으로 정할 수 있습니다.

다만 보상휴가제는 임금을 대신해 휴가를 부여하는 제도이
므로 근로자가 휴가를 사용하지 못한다면 사업주는 임금으로 지급
해야 합니다. 보상휴가 기간 내 사용자의 귀책사유 없이 근로자가
사용하지 않았더라도 임금을 지급해야 합니다. 다만 보상휴가제도
5인 미만 사업장에는 적용되지 않습니다.

> **근로기준법 제57조(보상휴가제)**
> 사용자는 근로자 대표와의 서면 합의에 따라 제56조에 따른 연장근로·야간근로 및 휴일근로에 대하여 임금을 지급하는 것을 갈음하여 휴가를 줄 수 있다.

❷ 여름휴가? 난 가을휴가! 연차에 대한 모든 것

많은 직장인이 매년 7월 중순부터 8월 중순 사이에 여름휴가를 떠납니다. 그러나 혼잡을 피해 조용한 가을에 휴가를 가고자 한다면, 근로자는 휴가를 미룰 수 있을까요? 또 사업주가 여름휴가 기간 내에 휴가를 줄 수 없다고 한다면 어떤 방법이 있을까요?

이럴 때 쓸 수 있는 것이 '연차휴가'라는 제도입니다. 연차휴가는 근로자가 원할 때 언제든 쓸 수 있는 휴가입니다. 근로자는 1년간 근로일수의 80% 이상을 출근하면 15일의 유급휴가를 부여받습니다. 유급휴가이기 때문에 임금이 깎이는 것도 아닙니다. 또한 근로자가 원할 때 언제든 쓸 수 있어 사업주가 임의로 기간을 정하지 못합니다. 다만 업무의 특성상 근로자가 연차휴가를 쓰려는 시기가 사업장에 막대한 지장을 주는 경우 사업주는 그 시기를 변경할 수 있습니다. 그러나 그 막대한 지장을 개선하기 위해 사업주가 먼저 책임지고 노력해야만 변경이 가능합니다.

여기서도 상시근로자가 걸림돌이 되긴 합니다. 상시근로자

5인 미만 사업장이거나 초단시간 근로자의 경우에는 연차휴가를 무조건 지급할 의무가 없습니다.

입사한 지 1년 미만의 신입사원도 우리가 흔히 말하는 '월차' 개념으로 연차휴가를 사용할 수 있습니다. 한 달 동안 80% 이상 출근했을 경우 1일의 연차휴가를 받습니다. 또한 이렇게 한 달에 하나씩 받는 연차휴가를 모아서 사용할 수도 있습니다. 즉 1년 차 신입사원이라도 연차휴가를 이용해 2박 3일 동안 휴가를 다녀올 수 있습니다. 다만 1년 차의 경우 매달 하나씩 연차휴가가 발생하기 때문에 15일이 아닌 11일의 연차휴가를 지급받습니다.

근로기준법 제60조(연차 유급휴가)
① 사용자는 1년간 80퍼센트 이상 출근한 근로자에게 15일의 유급휴가를 주어야 한다.
② 사용자는 계속하여 근로한 기간이 1년 미만인 근로자 또는 1년간 80퍼센트 미만 출근한 근로자에게 1개월 개근 시 1일의 유급휴가를 주어야 한다.

사업주에게는 모든 근로자가 연차휴가를 사용하도록 할 의무가 있습니다. 만약 사업주가 노력을 다했음에도 근로자가 연차휴가를 사용하지 않았을 경우 이에 대한 보상은 필요 없어집니다. 그러나 사업주가 몇 마디 말로 노력했다고 하여 이를 인정하지 않습니다. 연차휴가의 사용 종료일 6개월 전에 반드시 서면고지를 해야 하며, 그래도 근로자가 사용하지 않았을 경우 다시 2개월 전에 서면고지를 해야 합니다. 이러한 절차가 제대로 지켜지지 않고 연차휴가를 사용하지 못했다면, 연차휴가를 사용하지 못한 일 수만큼 법정수당인 휴일수당(연차수당)을 청구할 수 있습니다.

첫 번째 노력		두 번째 노력

첫 번째 노력

연차휴가 사용 종료일 6개월 전을 기준으로 10일 이내에 근로자들에게 사용하지 않은 휴가 일수를 서면으로 알려줘야 합니다.

근로자가 연차휴가를 언제까지 쓰겠다고 답변하지 않았다면?

두 번째 노력

사용하지 않은 휴가 일수와 언제까지 사용해야 하는지 소멸 2개월 전에 다시 서면으로 알려줘야 합니다.

TIP

연차휴가는 오래 일할수록 더 많이 쓸 수 있습니다.

근속기간	휴가발생(유급)
1년 미만	매월 1일
1년	11일(매월 1개씩 발생)
2년	15일
3년	16일
4년	
5년	17일
6년	

7년	18일
8년	
9년	19일
10년	
…	2년마다 1일씩 추가
21년 이상	25일

연차휴가는 오래 일하면 일할수록 늘어나는데, 2년에 1일씩 추가돼 최대 25일까지 쓸 수 있습니다. 다만, 회사의 취업규칙이나 단체협약에서 이보다 더 많은 날을 유급휴가로 정하는 경우도 있습니다.

❸ 노동절은 1+1입니다

노동절, 법률용어로는 '근로자의 날'이라고 하는 5월 1일은 '근로자의 권익과 복지를 향상하고 안정된 삶을 도모하기 위해' 제정한 날입니다. 이날은 모든 근로자가 임금을 받고 쉬는 유급휴일입니다. 그럼에도 5월 1일에 출근해 일을 했다면 더 많은 임금을 보전받아야 합니다.

이날은 노동법상 유급휴일이기 때문에 상시근로자 5인 미만 사업장이라도 임금을 더 받을 수 있습니다. 원래 일을 하지 않아도 받을 수 있는 임금과 일을 했기 때문에 받는 임금이 모두 나오기 때문입니다. 거기에 상시근로자 5인 이상 사업장의 경우는 휴일에 일한 것이기 때문에 휴일수당에 해당하는 50%의 가산임금을 지급해야 합니다. 단시간 파트타임 근로자여도 똑같이 적용합니다. 근로자가 월수금 3일만 일하기로 했는데 그중 하루가 노동절과 겹치면 추가수당을 요구할 수 있습니다.

하지만 여기에도 예외는 있습니다. 호텔이나 놀이공원과 같이 소위 빨간날에 업무가 집중되어 공휴일에만 일하도록 계약한 경우와 일용직으로 노동절 당일에 일하기로 계약한 경우에는 추가수당을 요구하기 어렵습니다.

❹ 공휴일과 법정휴일, 무엇이 다를까

설날, 추석, 크리스마스, 부처님 오신 날 등 우리가 알고 있는 공휴일은 으레 쉴 수 있는 날이라고 생각합니다. 그러나 공휴일은 '공적으로 쉬기로 정한 날'입니다. 한마디로 '공무원이 쉬는 날'이란 뜻입니다.

그렇다면 노동법상 모든 근로자가 쉴 수 있는 날은 언제일까요? 애초에 출근하지 않기로 상호간에 정한 휴일이 아니라면 법정휴일은 주휴일과 노동절뿐입니다. 만약 회사에서 주말과 노동절을 제외하고 휴일이 없으니 쉬고 싶으면 본인의 연차휴가를 사용하라고 했다면 상당히 불합리하게 여겨지지만 이 자체만으로 법적인 문제는 없습니다. 그럼에도 많은 회사가 공휴일도 유급휴일로 지정하고 있습니다. 이는 취업규칙이나 단체협약으로 따로 지정하는 경우에 해당합니다.

그렇다고 사업주가 무턱대고 공휴일 연차휴가 사용을 강요할 수는 없습니다. 근로기준법 제62조에 '사용자는 근로자 대표와의 서면합의에 따라 제60조에 따른 연차 유급휴가일을 갈음하여 특정한 근로일에 근로자를 휴무시킬 수 있다'라고 명시했습니다. 이 말은 반드시 근로자 동의에 따른 서면합의가 필요하다는 뜻입니다. 또한 사업주가 공휴일을 연차휴가로 대신하고자 취업규칙을 변경하려 한다면 전체 근로자 중 절반 이상의 동의 및 근로자 절반 이상으로 조직된 노동조합의 동의가 있어야만 가능합니다.

여기서 조금 희망적인 것은 2018년 3월에 법이 개정돼 점진적으로 공휴일도 유급휴일로 보장받을 수 있다는 점입니다. 2020년 1월 1일에 300인 이상 사업장과 공공기관을 시작으로 점차 확대해 2022년 1월 1일부터는 5인 이상 사업장 모두 공휴일에 돈을 받으며 쉴 수 있습니다. 하지만 이 경우에도 5인 미만 사업장은 의무가 아닙니다.

근로기준법 제55조(휴일)

① 사용자는 근로자에게 1주에 평균 1회 이상의 유급휴일을 보장하여야 한다.

② 사용자는 근로자에게 대통령령으로 정하는 휴일을 유급으로 보장하여야 한다. 다만, 근로자 대표와 서면으로 합의한 경우 특정한 근로일로 대체할 수 있다.

[시행일] 제55조 제2항의 개정규정은 다음 각 호의 구분에 따른 날부터 시행한다.

1. 상시 300명 이상의 근로자를 사용하는 사업 또는 사업장, 공공기관의 운영에 관한 법률 제4조에 따른 공공기관, 지방공기업법 제49조 및 같은 법 제76조에 따른 지방공사 및 지방공단, 국가·지방자치단체 또는 정부투자기관이 자본금의 2분의 1 이상을 출자하거나 기본재산의 2분의 1 이상을 출연한 기관·단체와 그 기관·단체가 자본금의 2분의 1 이상을 출자하거나 기본재산의 2분의 1 이상을 출연한 기관·단체, 국가 및 지방자치단체의 기관: 2020년 1월 1일

2. 상시 30명 이상 300명 미만의 근로자를 사용하는 사업 또는 사업장: 2021년 1월 1일

3. 상시 5인 이상 30명 미만의 근로자를 사용하는 사업 또는 사업장: 2022년 1월 1일

4.
건강하고
안전하게
일할 권리

① 일하다 다쳤다면 산재보험으로

대한민국 연간 산업재해 피해자 수는 약 9만 명으로 이들 중 사망에 이르는 인원도 1,000명에 달합니다. 상대적으로 경미한 사건은 집계되지 않는 점까지 고려하면 실제 규모는 더 크다고 볼 수 있습니다.

'산업재해'라면 건설 현장이나 제조업체를 떠올리는 경우가 많습니다. 그러나 산업재해는 어느 일터에서나 발생합니다. 배달업무 중 교통사고, 음식점에서 화상이나 칼에 베이는 부상도 심심치 않게 일어납니다. 백화점 등에서 장시간 서서 일하는 사람들은 하지정맥류나 디스크, 골절을 경험하는 비율도 높습니다. 최근에는 일터 괴롭힘이나 고객을 상대로 감정노동을 하면서 얻은 우울증 등도

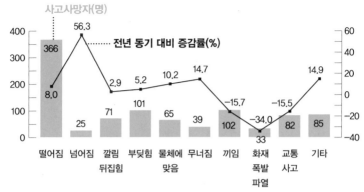

사고사망자(명)

전년 동기 대비 증감률(%)

	떨어짐	넘어짐	깔림 뒤집힘	부딪힘	물체에 맞음	무너짐	끼임	화재 폭발 파열	교통 사고	기타
사고사망자	366	25	71	101	65	39	102	33	82	85
증감률	8.0	56.3	2.9	5.2	10.2	14.7	−15.7	−34.0	−15.5	14.9

자료 출처: 고용노동부, 〈2016년 산업재해 발생 현황〉

산업재해로 인정하는 추세입니다.

일터에서의 사고와 질병은 운이 나빠서 발생하는 것이 아닙니다. 누구라도 언제든 겪을 수 있습니다. 모든 근로자는 건강하고 안전하게 일할 권리가 있고, 만약 재해를 입는다면 치료나 요양 등의 보호를 받을 권리 또한 있습니다.

근로자를 위한 4대사회보험제도 중에는 일하다 다쳤을 때 받을 수 있는 '산업재해보상보험', 즉 산재보험이 있습니다. 산업재해란 근로자가 일하는 도중 부상을 입거나 질병에 걸리거나 장애가 발생하거나 사망하는 경우를 말합니다. 이에 대해 근로자가 사업주에게 제대로 보장받지 못하는 경우가 생기는 것을 방지하기 위해 산재보험이 만들어졌습니다. 산재보험은 사업주가 부담해야 하는 보상 책임을 국가가 대행함으로써 근로자가 빠르게 안정을 취할 수 있게 하는 사회안전망입니다. 산재보험으로 임금 대신 받을 수 있는 휴업급여, 치료비를 보조하는 요양급여, 치료 이후의 신체장애에 대한 장애급여, 그리고 직업재활급여 등 다양한 보상을 받을 수 있습니다. 산재보험은 다른 사회보험과 다르게, 모든 보험료를 사업주가 100% 부담하게 돼 있습니다. 그러다 보니 본인이 산재보험에 가입됐는지 모르는 경우가 많습니다. 하지만 산업재해보험은 근로자를 보호하는 가장 기본적인 안전망이기 때문에 1인 이상 사업장이면 모두 산업재해보험에 가입해야 합니다.

산재보험은 근로복지공단에 신청해서 받을 수 있습니다. 치료를 받은 병원에서 산업재해 상담을 받고 필요한 서류를 받아 근로복지공단에 신고하면 자체 심사를 통해 산재보험 인정 여부가 결정됩니다. 산업재해를 입은 경우 근로복지공단에 문의하는 것이 가장

*근로복지공단 홈페이지

빠르고 정확합니다.

　　또한 산재보험은 근로기준법상 근로자에 해당하는 모든 사람이 가입할 수 있습니다. 계약 형태나 연령, 그리고 외국인이라도 상관없이 상시근로자 1인 이상 사업장에서 일할 경우 모두 해당됩니다. 또한 근로기준법의 보호를 받지 못하지만, 업무상 재해로부터 보호해야 할 필요가 높은 10개 직종은 '특수형태근로종사자'로 규정해 산업재해보험의 보호를 받을 수 있게 했습니다.

산업재해보상보호법 시행령 중, 특수형태근로종사자의 범위
보험설계사, 우체국보험 모집인, 콘크리트믹서트럭 자차기사, 학습지 교사, 골프장 캐디, 택배기사, 전속 퀵서비스기사, 대출 모집인, 신용카드회원 모집인, 전속 대리운전기사.

❷ 실수라도 보호받을 수 있어요

　　카페에서 일하는 근로자가 실수로 커피잔을 깨뜨려 손을 베였다면 산업재해로 인정받을 수 있을까요? 당연히 인정받을 수 있습니다. '업무상 발생한 사고'를 판단할 때 근로자의 실수 여부는 따지지 않습니다. 사업주의 관리·감독 하에 이뤄졌던 업무상의 행위와 업무상 필수로 해야 하는 일을 하는 과정에서 사고가 났다면 근로자의 실수 여부와는 관계없이 산재로 인정받을 수 있습니다. 보통 근로자의 실수로 다치면 산재로 인정받을 수 없다고 생각하는 경우가 많습니다. 하지만 일터에서 벌어진 대부분의 사고는 산재로 인정받을 수 있다는 것을 꼭 기억하길 바랍니다.

그리고 추가적으로 4일 이상의 요양(치료)이 필요할 경우 산재보험 신청이 가능하며, 요양기간이 4일 미만이라면 사업주에게 직접 치료비를 요구할 수 있습니다.

산재의 가장 중요한 쟁점은?
산업재해 인정에서 가장 중요한 쟁점은 근로자의 재해가 업무로 인해 발생한 것이라는 '업무기인성'과 업무를 수행하는 동안 발생했다는 '업무수행성'입니다.

❸ 산재신청은 어떻게 하나요?

일을 하다 상처를 입었거나 질병을 얻었을 때는 즉시 병원으로 가서 치료를 받아야 합니다. 시간이 지난 후에 병원에 가면 상처나 질병이 업무상 문제로 발생했다는 것을 인정받을 확률이 낮아집니다. 그렇기 때문에 아무리 작은 건이라도 발생 즉시 병원에서 기록으로 남기는 것이 가장 중요합니다.

산재보험을 신청하려면 근로복지공단 홈페이지에서 산업재해 신청서를 내려받아 작성하면 됩니다. 신청서는 크게 두 가지로, 하나는 업무 중 다쳤거나 질병을 얻었을 경우에 작성하는 '요양급여 및 휴업급여 청구서'이고, 다른 하나는 업무 중 사고로 근로자가 사망했을 때 작성하는 '유족급여 및 장의비 청구서'입니다. 주로 접하는 것은 요양급여와 휴업급여이기 때문에 이에 맞춰 신청 순서와 주의사항을 살펴보겠습니다.

① 신청서 양식 작성하기

신청서상의 재해 경위는 육하원칙에 따라 사업주의 과실 여부를 정확히 기입해야 합니다. 이후 산재보험 보상과는 별도로, 사업주가 근로자에게 부담해야 하는 손해배상액을 결정하는 데 있어 중요한 요소로 사용되기 때문입니다. 청구서 공간이 부족할 경우 자세한 사항은 별지로 제출하는 것이 좋습니다. 또한 작성한 내용을 보충해줄 수 있는 직장 동료들의 증언을 함께 제출하는 것도 좋은 방법입니다.

② 사업주 서명 요청

청구서에는 사업주의 서명이 들어가야 합니다. 사업주가 서명을 해줄 경우 산업재해를 빠르게 인정받을 수 있습니다. 그렇지만 사업주가 과실을 인정하는 서명을 거부하는 경우가 많이 있습니다. 사업주가 서명을 거부하더라도 산재보험을 신청하는 데에는 무리가 없으며, 다만 '사업주날인 거부이유서'라는 문서를 추가적으로 작성해 제출하면 됩니다.

③ 주치의 소견서 받기

주치의 소견서는 치료했던 병원에서 받아야 합니다. 소견서에는 상처나 질병 정도에 대해 확진명을 포함한 종합적 소견이 들어가야 합니다. 가능하다면 치료 경과가 작성된 차트라든가, 재해 상태를 뒷받침해주는 X-ray, MRI, CT 촬영 기록들을 확보해 첨부하는 것도 좋은 방법입니다. 다만 소견서에 '정상취업가능', '일부취업가능'으로 표시돼 있을 경우 휴업급여가 지급되지 않거나 일부만 지급될 가능성이 높습니다. 그렇기 때문에 치료기간을 충분히 가질 수 있도록 구체적 사유와 기간을 소견서에 자세히 작성해달라고 요청하는 것이 좋습니다.

④ 근로복지공단에 서류 접수

'청구서'와 '소견서', 그리고 필요에 따라 '사업주날인 거부이유서'와 기타 서류들을 준비했다면 근로복지공단에 접수하면 됩니다. 다만 여기서 주의할 것은 거주지에서 가까운 곳이 아니라 사업장의 주소지를 관할하는 근로복지공단 지사나 지역본부로 가는 것이 더 빨리 접수하는 방법이라는 점입니다. 서류 접수는 방문이나 우편으로 가능합니다. 다만 접수 전에 혹시 모를 상황에 대비해 제출 서류의 복사본을 따로 챙겨두는 것이 안전합니다.

이후 근로복지공단에서 출석조사 과정을 거치며 필요에 따라 증거 자료 보완을 요청받는 경우도 있습니다. 또한 사고현장 조사가 필요하다고 판단될 경우 근로복지공단에서 출장 조사를 진행하기도 합니다. 이런 과정을 거친 후 산업재해로 인정받는다면 최종 책정된 보험급여를 지급받을 수 있습니다.

❹ 산업재해 Q&A

산업재해보험에 가입하지 않으면 보상이 불가능한가요?

상시근로자 1인 이상을 고용한 사업주는 산업재해보험에 의무적으로 가입해야 합니다. 또한 산재보험료는 사업주가 전액 부담합니다. 하지만 산재보험에 가입하지 않은 사업주가 여전히 많은 것이 현실입니다. 그렇더라도 근로자는 산재보험 가입 유무와 상관없이 산재신청이 가능합니다.

사업주에게 합의금을 따로 받았어도 산재신청을 할 수 있나요?

사업주가 산업재해가 발생했다는 사실을 숨기기 위해 먼저 합의금을 지급하는 경우도 많습니다. 사업주가 손해배상 명목으로 따로 합의금을 지급하면 보험급여가 지급되지 않거나 일부만 지급됩니다. 산재보험으로 지급받을 수 있는 보험급여의 액수가 손해배상액보다 더 많아도 사업주와 먼저 합의했다면 더 적은 보상을 받게

됩니다. 따라서 사업주와 먼저 합의를 진행하는 것보다는 근로복지공단을 통해 보험급여를 받은 이후 사업주에게 손해배상을 청구하는 것이 좋습니다.

출퇴근길 사고, 산재처리가 되나요?

2018년부터 버스나 자가용, 자전거, 도보로 출퇴근하다 사고가 날 경우 산업재해로 인정하는 법안이 통과됐습니다. 또한 출퇴근길에 은행이나 관공서, 약국, 병원과 같은 생활 필수적인 일을 해결하다 사고가 났을 때도 산업재해로 인정받을 수 있습니다.

산재처리를 했다가 해고당하면 어떻게 하죠?

근로자가 업무상 부상 또는 질병의 요양을 위해 일을 쉬는 기간, 즉 산재 인정을 받아서 요양하는 기간을 포함해 요양이 종결된 이후 30일 동안은 절대 해고할 수 없습니다. 따라서 산업재해를 신청하고 해고되거나 휴식기간에 해고될 경우 부당해고 진정을 넣을 수 있습니다.

정신질환도 산재처리가 되나요?

직장 내 괴롭힘, 상사로부터의 과도한 모욕과 질책, 과중한 업무 책임에 따른 장시간 노동 등으로 정신질환을 앓는 근로자가 점점 늘고 있는 추세입니다. 특히 서비스직에 종사하는 근로자들이 불특정 고객들을 끊임없이 상대해야 하는 감정노동으로 인해 스트레

스에 쉽게 노출됩니다.

　　이런 경우 업무 관련성을 입증할 수만 있다면 산재로 인정받을 수 있습니다. 다만 물리적 사고와 비교해 정신질환은 업무와 질병 간의 연관성을 '입증'해야 합니다. 따라서 업무로 질병을 얻었다는 사실과 질병이 악화될 수 있어 요양이 필요하다는 주치의의 소견서가 반드시 필요합니다.

5.

네
잘못이
아니야

① 직장 내 성희롱 경험 있다 78.4%

산업재해와 또 다르게, 사업장에서 많이 일어나는 불합리한 일 중에 '직장 내 성희롱'이 있습니다. 직장 내 성희롱은 '일부 사람들에게 벌어지는 일'이 아니라 직장을 다니는 사람이라면, 그리고 특히 여성이라면 많이 겪는 일입니다. 2015년 여성가족부에서 시행한 성희롱 실태조사에 따르면 78.4%의 여성이 직장 내에서 성희롱을 경험했다고 답했습니다.

성희롱은 대상과 장소를 불문하고 벌어집니다. 그래서 성희롱·성폭력은 형법에서도 엄하게 다루고 있습니다. 또한 노동법에서는 '직장 내 성희롱'이 무엇인지 정의하고, 이에 대한 보호와 예방의 의무를 사업주에게 부여하고 있습니다.

직장 내 성희롱의 원인은 개인의 문제를 넘어서 구조적으로
성차별적 노동환경, 직장 내 권력관계, 일상화된 성차별적 문화와
밀접하게 관련돼 있습니다. 때문에 직장 내 성희롱은 당사자에게 심
각한 정신적·신체적 피해를 줄 뿐 아니라 사건이 적절하게 해결되지
않으면 직장을 계속 다니기 어려워 생존의 문제로 이어집니다. 또한
이는 피해자뿐 아니라 주변 동료들의 안전하게 일할 권리를 침해하
는 문제로 직장 내 성희롱에 대한 법적 예방의 의무는 사업주에게
부여됩니다.

직장 내 성희롱 피해 유형 TOP 5

1	외모에 대한 성적 비유나 평가
2	음담패설 및 성적 농담
3	회식에서 술을 따르게 하거나 옆에 앉도록 강요하는 행위
4	특정 신체 부위를 쳐다보는 행위
5	신체 접촉을 강요하는 행위

자료 출처: 여성가족부, 〈2015년 성희롱 실태조사〉

직장 내 성희롱 성립 요건

① **당사자 요건:** 사업주, 상급자 또는 근로자가 해당되며, 고객 등 업무와 밀접한 관련이 있는 사람, 사업장의 납품, 구매나 용역 등 해당 사업장에서 제공하는 서비스를 지속적 또는 일시적으로 이용하는 자 역시 해당됩니다. (남녀고용평등법)

② **직장 내에서:** 고용관계가 이루어지는 모든 공간을 말합니다. 사업장 안과 밖, 근무시간 내든 외든 어디서나 성희롱 행위자가 자신의 지위를 이용하거나 업무와 관련 있다면 해당됩니다. 동성 간의 성희롱도 성립되며, 고용 형태를 불문하고, 고객에 의한 성희롱 역시 포함됩니다.

③ **상대방이 원하지 않는:** 성희롱 행위자의 '의도'와 상관없이 피해자가 원하지 않는 행위로, 그로 인해 성적 굴욕감이나 모욕감을 느꼈다면 성희롱이 성립됩니다. 성희롱 사건 당시 피해자의 태도와 반응을 중심으로 판단하는 것이 아니라 직장 내 성희롱 사건을 피해자의 관점에서 바라봐야 한다는 의미를 담고 있습니다.

④ **성을 매개로 하는:** 신체 접촉뿐 아니라 성적인 함의가 담긴 모든 언행을 말합니다.

⑤ **고용상의 불이익:** 성적 언행이나 요구에 불응해 채용이나 승진 탈락, 감봉, 전직, 정직, 해고 등과 같이 채용 또는 근로조건에 대해 일방적으로 불이익을 받는 경우를 말합니다.

자료 출처: 서울시 노동권익센터, 〈상담자를 위한 노동상담 매뉴얼〉 발췌

직장 내 성희롱 예방과 해결 절차 등에 관한 사업주의 법적 의무를 숙지하는 것은 분쟁 상황 발생 시 자신의 권리를 이해하고 문제를 해결하기 위한 첫걸음입니다.

① 직장 내 성희롱 예방의무

사업주는 직장 내 성희롱 방지를 위해 매년 1회 이상 전체 근로자에게 성희롱 예방교육을 반드시 실시해야 합니다. 또한 사건 처리 및 피해근로자 권리구제 절차 등이 포함된 '직장 내 성희롱 예방교육 자료'를 사내에 상시 게시해야 합니다.

② 성희롱 발생 시 조치 의무

직장 내 성희롱 사건이 발생했을 경우 당사자가 아니더라도 누구든지 사업주에게 신고할 수 있습니다. 또한 사업주는 해당 근로자에게 적절한 조치를 취해야 하는데, 피해근로자를 보호하기 위한 조치를 가장 우선해야 합니다. 예를 들어 피해근로자에게 유급휴가를 지급하거나 근무지를 변경해 가해자와 마주치는 일이 없도록 조치하는 것입니다. 또한 피해근로자가 원할 경우 가해근로자의 근무지를 변경할 수 있습니다.

또한 사업주는 피해근로자와 신고한 근로자에게 징계를 내리거나 임금 또는 성과급을 차등 지급하거나 복리후생을 제공하지 않는 등의 불이익을 가해서는 안 됩니다.

❷ 성희롱, 성폭력 피해를 입었다면

법은 직장 내 성희롱 사건에 대해 엄격하고 자세하게 규정하고 있지만 사실 현실에서는 잘 지켜지지 않습니다. 그렇다 보니 사건이 발생하고 해결하는 과정에서 상처를 받는 경우가 많습니다. 특히 폐쇄된 공간에서 벌어진 사건인 만큼, 사업장 내에서 소문이 퍼지거나 상사와의 권력관계 속에서 고용상의 불이익을 받을 것이 두려워 피해자들은 문제 제기를 주저합니다. 같은 사업장의 동료에게 말하기가 어렵다면 믿을 만한 가족이나 지인에게 알리고 전문기관의 도움을 받아 문제를 해결하는 것이 좋습니다.

① 증거 확보

직장 내 성희롱은 가해당사자가 사건을 부정하는 경우가 많습니다. 그렇기 때문에 사건 당시 상황이나 가해 사실을 인정하는 녹음자료, 메신저 등의 대화기록을 확보하는 것이 중요합니다. 가해당사자와의 대화기록이나 녹음파일이 없을 경우에는 믿을 만한 동료 직원의 증언을 확보하는 것이 좋습니다.

쉽지 않은 일이지만 사건의 가해자 및 행위, 시간, 장소, 목격자, 본인의 대응 등 당시 상황을 자세히 기록해놓는 것이 필요합니다. 또한 정신적, 신체적 피해에 대한 진단서나 전문기관에서 상담받은 일지를 갖고 있는 것도 도움이 됩니다.

② 사업장 내 해결절차

사건이 발생하면 사내에 고충처리위원회가 있는지 확인해야 합니다. 이외에도 직장 내 성희롱과 관련된 기관이나 노동조합, 혹은 그마저도 없다면 인사를 관리하는 부서나 상사에게 공식적으로 문제 제기를 할 수 있습니다. 고충처리위원회는 30인 이상 사업장이라면 필수적으로 설치해야 하며, 취업규칙이나 노동조합이 있는 곳은 단체협약으로 직장 내 성희롱 사건의 해결절차에 대한 조항을 명시하도록 하고 있습니다.

사업장에서 성희롱, 성폭력 사건이 발생해 당사자가 구두 또는 서면으로 신고하면, 고충처리위원은 지체 없이 이를 처리해야 합니다. 고충처리위원은 직장 내 성폭력 사건이 접수된 때부터 10일 이내에 조치사항이나 처리 결과를 해당 당사자에게 통보해야 합니다.

또한 관련 부서나 위원회를 통해 사실 확인을 위한 진상조사와 구제절차와 처벌을 진행하고, 이후 재발방지대책까지 마련해야 합니다. 하지만 안타깝게도 이런 절차와 과정이 현실에서는 제대로 작동하지 않거나 사업주가 인지하지 못하는 경우도 많습니다. 따라서 사업주에게 문제를 제기할 때 이러한 내용을 미리 알고 있는 것이 매우 중요합니다.

근로자의 참여 및 협력증진에 관한 법률 제26조(고충처리위원)
모든 사업 또는 사업장에는 근로자의 고충을 청취하고 이를 처리하기 위하여 고충처리위원을 두어야 한다. 다만, 상시 30명 미만의 근로자를 사용하는 사업이나 사업장은 그러하지 아니하다.

③ 법적, 행정적 절차 및 진정

사업장 내에서 문제 제기가 어렵거나 제대로 해결되지 않을 경우 고용노동부나 국가인권위원회에 진정을 넣을 수 있습니다. 고용노동부에 진정을 넣으면 근로감독관이 배정돼 가해근로자와 사업주에게 이를 통보하고 조사를 시작합니다. 이후 법 위반이 확인되면 시정지시를 내리고, 이에 따르지 않을 경우 과태료 처분을 하거나 검찰에 고소·고발을 합니다.

문제해결 절차

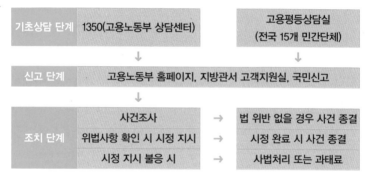

기초상담 단계	1350(고용노동부 상담센터)	고용평등상담실 (전국 15개 민간단체)	
	↓	↓	
신고 단계	고용노동부 홈페이지, 지방관서 고객지원실, 국민신고		
	↓		
조치 단계	사건조사	→	법 위반 없을 경우 사건 종결
	위법사항 확인 시 시정 지시	→	시정 완료 시 사건 종결
	시정 지시 불응 시	→	사법처리 또는 과태료

또한 국가인권위원회에도 제소할 수 있습니다. 인권위에는 피해당사자가 아니더라도 피해 사실을 알고 있는 제3자나 단체가 진정을 넣을 수 있습니다. 다만 진정은 행위가 있는 날로부터 1년 이내에 제기해야 합니다. 이 경우 조사관이 사실조사를 진행한 후에 차별시정위원회를 개최해 사건을 심의하고 권고를 결정합니다.

그리고 마지막으로 검찰이나 경찰에 고소·고발을 진행할 수 있습니다. 이 경우에는 남녀고용평등법이나 형법 위반으로 진행하거나 민사소송을 걸 수 있습니다. 남녀고용평등법은 피해근로자의 해고 혹은 인사상 불이익 조치에 대한 고소·고발이 가능하며, 형법은 강간죄나 업무상 위력 등에 의한 간음죄, 강제추행죄 등으로 고소·고발이 가능합니다. 민사소송의 경우 가해자에게 직접 손해배상을 받거나 사업주에게 사건 발생 및 해결 과정에서 발생한 피해의 책임을 묻고자 할 때 청구 가능합니다.

TIP

직장 내 성희롱 관련 전문기관

① 여성노동법률지원센터 0505-515-5050
성희롱, 폭언 등 직장 내 괴롭힘 등 사업장 내 분쟁 및 고충처리 방법 안내

② 한국여성의전화 성폭력상담소 02-2263-6465
한국여성의전화 부설기관으로 상담소 운영 및 의료지원(의료비)과 법적 지원(진술서 작성, 수사 및 재판 동행에 도움)

③ 한국여성상담센터 02-953-1504
심리검사, 전화상담, 대면상담, 사이버상담 등 운영

④ (사)여성노동자회 고용평등상담실 0505-555-5050
   (사)서울여성노동자회 고용평등상담실 02-706-5050
고용상 성차별 및 직장 내 성희롱 피해근로자에 대한 상담지원

03

퇴사할 땐
더
꼼꼼히!

모든 일은 시작만큼이나 마무리가 중요합니다. 직장 생활도 예외는 아닙니다. 스스로 결정해서 퇴사하는 경우에도, 혹은 갑자기 해고를 당했을 때도 나의 권리를 지켜내면서 제대로 마무리해야 새로운 시작을 할 수 있습니다.

간혹 퇴사도 내 마음대로 못 하는 경우가 있습니다. 다음 사람을 구할 때까지 일하라고 강요받기도 합니다. 해고를 당하는 경우라면 좀 더 복잡합니다. 준비하고 주의해야 하는 부분이 많습니다. 3부에서는 회사를 그만둘 때 무엇을 챙겨야 하는지, 그리고 권고사직이나 부당해고를 당했을 때 어떻게 대처해야 하는지 알아봅니다.

1.

내일부터
나오지
말라고?

2017년 통계청이 발표한 자료에 따르면, 국내 15세~29세 청년실업률이 8.6%로 18년 만에 최고치로 갱신되고 청년 체감실업률은 21.7%에 이릅니다. 그러다 보니 청년 문제의 심각성을 이야기할 때 대표적인 통계로 '청년실업률'을 언급합니다.

하지만 청년실업률의 원인을 '일자리 없음'으로 단순화하기에는 일터의 안정성 문제가 존재합니다. 첫 직장에서 1년 만에 일을 그만두고 재취업을 준비하는 청년들이 과반수를 차지하기 때문입니다.

일을 하든 하지 않든 대다수의 청년이 '실업에 대한 공포'를 일상적으로 느끼는 게 현실입니다. 그렇기 때문에 법에서는 '해고'를 사업주가 일방적으로 장래에 대하여 근로관계를 소멸시키는 법률행위로 규정하고 있습니다.

첫 직장 근속기간

	졸업·중퇴 후 취업 경험자	임금 근로자			평균 근속기간	
			첫 일자리를 그만둔 경우	첫 일자리가 현재 직장인 경우	첫 일자리를 그만둔 경우	첫 일자리가 현재 직장인 경우
2016.5	4,121	3,994 (100.0)	2,427 (60.8)	1,567 (39.2)	1년 6.7개월	1년 2.8개월	2년 0.7개월
2017.5	4,184	4,092 (100.0)	2,546 (62.2)	1,546 (37.8)	1년 6.7개월	1년 2.7개월	2년 1.2개월
증감	64	98(-)	119(1.4)	-21(-1.4)	0.0개월	-0.1개월	0.5개월

자료 출처: 통계청 (단위: 천 명, %, %p)

"회사에 홍보팀은 저뿐이었어요. 입사할 때 선배가 한 명 있었는데, 퇴사한 뒤에 사람을 안 뽑아요. 둘이 하던 걸 혼자 하다 보니 야근 안 하는 날이 손에 꼽혔어요."

─첫 직장에서 1년 만에 퇴사한 A씨

"입사 일주일 만에 저를 부르시더니, 우리 회사랑 안 맞는 거 같다고 그만 두는 게 어떻겠냐고 하시더라고요."

─일주일 만에 권고사직당한 B씨

A씨와 B씨의 사례는 법에서 말하는 '해고'에 해당하지는 않습니다. 하지만 대부분의 청년들이 일터에서 겪는 위태로움은 이들과 크게 다르지 않은 것이 현실입니다.

(111)

3_ 퇴사할 땐 더 꼼꼼히!

"저는 텔레마케터로 일하고 있습니다. 평일 오후 2시부터 저녁 8시까지 일하고 빨간날은 쉽니다. 그런데 어제 갑자기 과장님이 부르시더니 '회사가 어려워 근무시간은 늘리고 사람은 줄일 건데, 네가 나이가 많으니 후배들 생각해서 그만두라'고 하면서 사직서를 주셨습니다. 부당해고인 거 같은데, 사직서 써도 되나요?"

—3년 차 텔레마케터 C씨

사직서를 제출한다는 것은 근로계약을 종료하고자 하는 의사를 밝히는 법적 행위입니다. 따라서 '사직서를 내라'고 사업주가 요구하더라도 사직서를 내는 순간 근로관계를 종료한 주체는 바로 근로자가 됩니다. 즉 해고가 아니라 퇴사가 되는 것입니다.

실제 일을 하면서 더 자주 마주치는 상황은 해고가 아니라 이처럼 '권고사직'일 확률이 높습니다. 권고사직은 해고와 달리 사업주가 근로자에게 퇴직을 권유하고, 근로자가 이를 수용함으로써 근로관계를 종료하는 것입니다. 사직서는 일을 시작할 때 작성하는 근로계약서와 달리 무조건 작성해야 하는 것은 아닙니다. 만약 당신이 퇴사할 생각이 없고, 해고 사유에 해당하는 잘못을 하지 않았다면 사직 권유를 거부할 수 있습니다.

종이 한 장이지만, 사직서를 쓰면 해고가 아니라 퇴사가 됩니다. 그렇기 때문에 사직 사유에 '권고사직'을 적는다 해도 부당해고로 진정을 넣어 구제받을 수 없습니다. 사직서를 받으면 사업주는 정당한 해고 사유를 증명할 필요가 없고, 해고 예고기간 준수나 예고수당 지급과 같은 법적 의무도 없습니다. 그래서 흔히 회사는 협박을 하거나, 실업급여를 받을 수 있게 해주겠다는 조건으로 권고사직을 회유하기도 합니다. 그러나 해고 예고수당, 실업급여, 퇴직금 등은 회사의 호의가 아니라 원래 근로자라면 당연히 보장받아야 하는 권리입니다.

해고와 권고사직의 차이점

	해고	권고사직
사직서 제출	X	O
해고 예고기간	O	X
해고 예고수당	O	X
해고통지서	O	X
부당해고 구제	O	X
실업급여	O	O

❷ 정당한 해고란?

'해고당했다'고 하면 문자나 메신저, 전화 혹은 대면으로 통

> ## "내일부터 출근하지 마"
>
> **사장님**
>
> 내일부터 안 나와도 됩니다.
>
> …………!?

보받는 것을 상상합니다. 하지만 실제로 우리가 겪는 해고는 다양한 양상으로 나타납니다. 해고의 종류는 징계해고, 정리해고, 통상해고로 나눌 수 있습니다.

해고의 종류

종류	정당한 이유	사례
징계해고	근로자의 잘못으로 해고	학력을 위조해서 취업한 A씨, 회사수익금을 횡령한 B씨
정리해고	회사의 경영상 사정에 의한 해고	경영정상화를 위해 노력했지만, 계속 사업이 불가능해 인수합병한 C사
통상해고	일신상 사유에 의한 해고로 정신적, 육체적 장애 또는 적성, 능력, 자격 등의 부족으로 업무를 수행하기에 부적합한 사유로 해고	평가제도를 도입해 2년 연속 최하위에 해당해 역량강화교육을 했으나 업무 태도가 개선되지 않아 해고한 D사

114

이렇게 복잡해 보이는 여러 상황 속에서도 우리가 절대 잊지 말아야 할 것은, 상시근로자 5인 이상 사업장의 경우 법적으로 해고의 절차, 사유, 방법 등을 매우 엄격하게 규정하고 있다는 사실입니다.

근로기준법 제23조(해고 등의 제한)
① 사용자는 근로자에게 정당한 이유 없이 해고, 휴직, 정직, 전직, 감봉, 그 밖의 징벌(懲罰)(이하 "부당해고 등"이라 한다)을 하지 못한다.

사업주가 근로자를 해고하려면 반드시 '정당한 이유'가 있어야 합니다. 정당한 이유라는 것은 '사회통념상 고용관계를 계속할 수 없을 정도로 근로자에게 책임 있는 사유가 있는 경우'를 말합니다. 근무환경이나 조건 등 사안마다 '사회통념상 중대한 잘못'에 대한 판단의 기준이 달라 딱 잘라 말하기는 어렵지만, 단순히 실수가 잦다거나 성격이 맞지 않는다는 이유로 해고할 수 없다는 뜻입니다. 또한 근로자가 해고의 부당함을 제기하면 이 중대한 잘못의 입증 책임은 사업주에게 돌아갑니다. 중대한 잘못이라 판단해 근로계약 종료를 통보한 것이 사업주이기 때문입니다.

그렇다면 지각도 해고의 사유가 될 수 있을까요? 보통의 직장에서 지각을 했다는 이유로 해고할 수는 없습니다. 하지만 어떤 경우엔 해고의 사유가 될 수 있습니다. 예를 들어 항공사는 운항 스케줄을 어기면 회사가 큰 불이익을 받습니다. 그래서 비행기 조종사나 승무원이 지각을 하는 건 중대한 잘못에 해당합니다. 이런 경우 회사는 근로자에게 징계를 내릴 수 있고, 여러 조치 후에도 개선되지 않으면 해고할 수 있습니다. 지금 일하는 회사에서 해고의 사유가 무엇인지 궁금하다면, 근로계약서와 취업규칙에 정해진 해고 사유를 살펴볼 수 있습니다. 물론, 그 둘이 절대적인 기준은 아닙니다.

회사에서 할 수 있는 통상적 징계 순서

직장에서의 징계는 법에 정해진 절차와 방법에 따라 이뤄져야 하는데, 해고는 최고 수준의 징계입니다. 그렇기 때문에 정당한 이유를 입증할 때 '사업주'는 해고하지 않기 위해 어떤 노력을 했는지 밝혀야만 합니다.

❸ 해고에도 예의가 있다

가벼운 인간관계에서도 이별할 때는 우리가 왜 헤어지는지 이유를 말해주고, 마음의 준비를 할 시간을 주는 게 인지상정입니다. 마찬가지로 근로계약 관계에서도 사업주가 근로자를 해고할 때 지켜야 할 최소한의 기준을 법으로 정하고 있습니다.

사업주는 근로자에게 해고사유와 해고시기를 서면으로 통지합니다. 문자, 메일, 전화, 회사 게시판 등 근로자가 직접 수령하지 않거나 확인할 수 없는 방법으로 통지할 경우에는 정당한 해고로 보지 않습니다. 그렇기 때문에 우편도 원칙적으로 불가하며, 다만 누가 받았는지 확인할 수 있는 등기우편만을 인정하고 있습니다. 상시근로자 수가 5인 미만인 사업장이라면 사업주가 이 의무를 지지 않을 수 있습니다.

하지만 상시근로자 수에 관계없이 해고하려는 모든 사업주는 적어도 30일 전에 근로자에게 해고통지를 해야 합니다. 이를 법으로 정해놓은 것은 근로자가 생계유지를 하면서 새 직장을 구할 최소한의 시간을 부여하는 데 그 목적이 있습니다.

3_ 퇴사할 땐 더 꼼꼼히!

② 일용근로자로서 3개월을 계속 근무하지 않은 자, 2개월 이내의 기간을 정하여 사용된 자, 계절적 업무에 6개월 이내 기간을 정하여 사용된 자, 수습 사용 중인 근로자(수습 사용한 날부터 3개월 이내인 경우)

❹ 부당해고를 당했다면?

"네가 임신해서 다른 사람한테 피해 줄 거 생각해봤냐? 양심이 있으면 퇴사하고 태교에나 집중하라'고 따로 불러서 말씀하시더라고요."

-간호사 A씨

"한 달 동안 30분씩 일찍 출근했는데 딱 한 번 5분 지각한 적이 있었어요. 바로 다음 날 불성실하다고 그만두라고 하시더라고요."

-입사 두 달 만에 해고당한 B씨

　　법으로 사업주의 역할을 정한다 해도 현실에서 우리는 생각보다 고통의 순간을 자주, 그리고 강도 높게 맞이하곤 합니다. 혹시 부당하게 해고를 통보받았다면 바로 사업주에게 답을 하기보다는 '생각할 시간을 달라'고 말하는 게 좋습니다. 근로계약이 완전히 종료된 게 아니기 때문에 정상적으로 출근하고 업무를 하면서 전문가와의 노동상담을 통해 문제를 해결해야 합니다. 또한 소송을 하는 방법 말고도 노동위원회에 '부당해고 구제신청'을 해서 복직이나 최대 3개월 치 임금 등을 지급받을 수 있습니다.

| 부당해고 | 해고나 징계가 부당하다고 판단되면 3개월 이내에 구제신청을 해야 합니다. |

↓

| 법원 | 해고무효확인소송 제기
※변호사 선임 필요 | → | 소송 진행 |

또는

관할 지방노동위원회에 부당해고 구제신청

↓

지방노동위원회란?
노동위원회는 고용노동부 산하 정부기관으로 준사법기구의 역할을 합니다. 부당해고 등 구제신청사건을 심판하는 '심판위원회'는 공익위원 3인으로 구성되며, 근로자위원과 사용자위원 각각 1인이 심문회의에 참여합니다.

| 지방노동위원회에
구제신청 | 방문 또는 우편, 온라인으로 구제신청서 제출 |

↓

TIP_ 국선대리인 선임
법률가인 공인노무사나 변호사를 대리인으로 선임하는 것이 혼자 진행하는 것보다 나을 수 있습니다. 비용 문제로 대리인을 선임하기 어려운 저소득 근로자들을 위해 노동위원회에서는 무료로 국선대리인 제도를 운영하고 있습니다. 월 평균임금이 200만 원 미만인 근로자는 국선대리인 선임이 가능합니다.

| 심판위원회 구성 | 사건의 사실관계를 조사해 부당해고 여부를 가릴 심판위원회 개회 |

↓

TIP_ 추가이유서 작성
심사관의 조사과정 중 근로자는 사용자가 내놓은 답변을 주의 깊게 듣고 있다가 그 주장의 요지에 대해 추후에 추가이유서를 작성해 반박해야 합니다.

판정	구제신청 이후, 60일 이내 최종 판정

↓

판결에 불복할 경우	상급인 중앙노동위원회에 재심 신청 가능 ※ 결정서를 받고 10일 이내

↓

판결에 불복할 경우	중앙노동위원회 판결에도 불복하면, 행정소송 가능 ※ 결정서를 받고 15일 이내

2.

퇴사할 때
하더라도

❶ 퇴사 전 필요한 체크리스트

회사를 그만두거나 특히 해고를 당한 경우라면 더더욱 퇴사 전에 관련 사항을 꼼꼼히 따져보고 필요한 조치를 취해야 합니다. 마무리를 잘해야 부담 없이 새로운 출발을 할 수 있기 때문입니다.

일을 그만둘 때 꼭 확인해야 하는 체크리스트

1. 퇴사 사유	자진퇴사	"야근이 많아 그만둘게요!" 사직할 때는 회사에 손해가 발생하지 않도록 인수인계를 성실히 해야 합니다. 단 손해를 끼쳤다는 입증 책임은 회사에 있습니다. 사직 의사를 표시하고 30일 이후 사직서를 수리하지 않았어도 효력은 발생합니다. 다음 사람을 구할 때까지 무한정 일해야 한다는 주장은 위법입니다.

	권고사직	"요즘 회사가 어려우니 그만두는 게 어떠니?"
		권고사직과 해고는 다릅니다. 해고는 일방적 통보이고, 권고사직은 양자 간의 협의입니다. 권고사직에 동의하지 않을 경우 거부할 수 있습니다. 사직에 동의하지 않는다면, 절대 권고사직서에 사인하면 안 됩니다.
	해고	"내일부터 출근하지 마!"
		해고는 정당한 이유를 서면으로 30일 이전에 통보해야 합니다. 30일 이전에 통보하지 않았다면 해고 예고수당이 발생합니다. 해고를 통보한 이후에도 근로관계는 존속되기 때문에 근로자는 정상 출근해야 합니다. 하지만 새로운 직장을 구하기 위한 면접 등 근로자의 취업 활동을 배려해야 합니다.
2. 퇴직금 · 휴가 확인	퇴직금	"1년 이상 일했다면 퇴직금을 포기하지 마세요!"
		수습, 아르바이트, 비정규직, 정규직 등 고용형태와 관계없이 한 사업장에서 1년 이상 일했다면 퇴직금을 받을 수 있습니다. 퇴직금 금액은 근속기간에 따라 달라집니다. 단, 주당 15시간 미만 일한 초단시간 근로자는 해당되지 않습니다.
	연차수당	"연차휴가가 남았다면 수당으로 돌려받으세요!"
		사용하지 않은 연차휴가는 수당으로 받을 수 있습니다. 연차를 모두 사용하지 못하고 일을 그만둘 경우 연차수당 체불임금을 청구할 수 있습니다. 다만 연차휴가는 상시근로자 5인 이상 사업장에만 적용됩니다.

3. 마지막 임금 지급	마지막 월급	"퇴사했는데 마지막 월급이 안 들어온다고요?"

마지막 월급 "퇴사했는데 마지막 월급이 안 들어온다고요?"

회사는 근로자가 퇴사한 날로부터 14일이 지난 15일째 임금을 지급해야 합니다. 만약 그때까지 지급하지 않으면 임금체불이 발생한 것으로 간주됩니다. 체불된 임금에는 지연 이자가 붙습니다. 14일이 지난 이후에도 지급되지 않으면, 고용노동부 홈페이지에서 임금체불 진정을 넣을 수 있습니다.

4. 실업급여 신청

이직 사유 "일을 그만둔 사유가 무엇인가요?"

실업급여는 기본적으로 '비자발적 사유'로 이직했을 경우 지급 대상이 될 수 있습니다. 해고, 권고사직, 계약만료 등이 비자발적 이유에 해당됩니다. 하지만 본인이 그만두었어도 임금체불이 있거나 채용 시 제시한 근로조건이 나빠져 퇴사했다면 실업급여를 받을 수 있습니다.

고용보험 "고용보험에 가입돼 있었나요?"

실업급여를 받으려면 퇴사 전 18개월 동안 보험 가입기간이 180일 이상이어야 합니다. 지난 18개월 동안 여러 회사에서 일했어도 고용보험 납부기간이 180일 이상이면 지급 대상입니다. 단, 180일은 출근일 기준이기 때문에 주 5일 출근을 기준으로 8~9개월 정도 출근을 해야 합니다.

신청기간 "퇴직한 다음 날로부터 12개월 이내"

실업급여는 퇴직한 다음 날부터 12개월 이내라면 언제든 신청이 가능합니다. 다만 일을 그만둔 후 사업장의 서류제출, 수급인정과 신청기간이 필요하기 때문에 약 15일 뒤부터 실업급여를 수급할 수 있습니다.

5. 재취업 준비	경력증명서	"경력증명서에 징계 사실이 적혀 있어요"

근로자가 퇴직 후에 업무 종류, 지위와 임금 및 기타 필요한 사항에 대해 증명서를 청구할 경우 사용주는 사실대로 기재해 즉시 교부할 의무가 있습니다. 다만, 근로자가 요구하지 않은 사항을 임의대로 교부하는 건 위법입니다(징계나 질병으로 인한 휴직 등).

❷ 실업급여의 종류

　　퇴사 이후 가장 걱정되는 것은 바로 이번 달 월세와 식비, 통신비 같은 생계 문제입니다. 자의가 아니라 어쩔 수 없이 직장을 그만둔 근로자를 보호해주는 제도가 있습니다. 바로 고용보험입니다. 고용보험은 근로자가 생계를 유지하면서 구직 활동을 할 수 있게 보장해주는 제도입니다. 4대사회보험 중 하나인 고용보험은 일하는 기간 동안 사업주와 근로자가 함께 부담합니다.

　　이후 비자발적 실직이 되면 '실업급여제도'를 통해 그동안 납부했던 보험료를 돌려받습니다. 따라서 실업급여 신청 시에 받는 소정의 급여는 자신이 그동안 내왔던 보험료의 보상이자 권리입니다. 그러니 꼭 자신의 고용보험 가입 여부를 미리 확인하는 것이 중요합니다. 고용보험은 한 달에 60시간 이상 일하는 근로자라면 누구나 의무적으로 가입해야 합니다. 또한 1인 이상의 근로자를 고용하는

자료 출처: 고용노동부

사업장이라면 근로기간에 관계없이 의무적으로 가입해야 합니다.

실업급여에는 구직급여와 취업촉진수당, 연장급여, 상병급여 등 여러 종류가 있습니다. 그중 우리가 가장 흔하게 접하는 것이 '구직급여'와 '조기재취업수당'입니다. 구직급여는 고용보험에 가입한 근로자가 해고 등의 비자발적 사유로 실직한 경우 근로자의 생활

안정과 구직 활동을 위해 지급하는 급여로 실업급여의 핵심이라고 할 수 있습니다.

취업촉진수당은 재취업 활동을 장려하는 제도입니다. 그중 조기재취업수당은 실업급여를 받을 수 있는 기간을 2분의 1 이상 남기고 재취업했을 때, 12개월 이상 같은 사업장에서 일을 하면 지급되는 수당입니다.

❸ 구직급여 신청 및 지급 절차

실업급여 중에서 가장 흔하게 받을 수 있는 구직급여의 신청 방법을 자세히 알아보고자 합니다. 일단 먼저 해야 할 일은 실업급여 수급 자격이 되는지 확인하는 것입니다. 퇴사 이후 12개월이 지나거나 재취업을 했다면 받을 수 없습니다.

1단계. 실업급여 수급 요건 확인하기

① 실직 전 고용보험 가입기간이 180일 이상인지 확인

자신의 고용보험 가입 이력을 조회합니다. 고용보험 가입기간은 하나의 사업장이 아니어도 실직 전 18개월 동안의 가입기간을 합산할 수 있습니다.

② 비자발적 이직 사유: 일하고자 하는 의사 및 능력이 있음에도 실직 상태(계약만료 포함)

일정 기간 임금체불, 최저임금 미달, 사업장의 휴업, 도산·폐업 등의 정당한 사유가 있는 경우에는 자발적 퇴사여도 수급 자격을 인정받을 수 있습니다.

③ 적극적인 재취업활동: 재취업 노력에도 불구하고 취업하지 못한 상태

TIP

퇴사한 회사에서 '고용보험 상실신고서'와 '이직확인서' 제출 여부 확인
실업급여를 받기 위해서는 회사 측에서 피보험자격 상실신고 및 이직확인서를 제출해야 합니다. 이는 고용보험 홈페이지 '개인서비스→조회→이직확인서 처리여부 조회'에서 확인할 수 있습니다. 만일 처리되지 않았다면 회사에 요청해야 합니다. 요청에도 불구하고 이직확인서를 제출하지 않으면 회사에 과태료가 부과됩니다. (관련 상담: 고용노동부 상담센터 1350)

*고용보험 홈페이지

2단계. 구직등록 및 온라인 교육 수강

구직등록은 고용노동부 워크넷(www.work.go.kr)에 본인이 직접 신청해야 합니다.

*고용노동부 워크넷

신청이 끝났다면 고용보험 홈페이지에서 수급자격 신청자 온라인 교육을 받아야 합니다. 교육은 약 1시간 동안 진행되며, 온라인 교육을 이수하지 않으면 구직급여 신청이 제한되니 꼭 확인해야 합니다. 또한 고용보험 홈페이지에서 실업급여 모의계산을 해보면 자신의 실업급여 지급기간과 금액을 확인할 수 있습니다.

예상 지급일수 확인하기(최소 90일에서 최대 240일까지)

수급기간(소정급여일수)

연령 및 가입기간	1년 미만	1년 이상 3년 미만	3년 이상 5년 미만	5년 이상 10년 미만	10년 이상
30세 미만	90일	90일	120일	150일	180일
30세 이상~50세 미만	90일	120일	150일	180일	210일
50세 이상~64세 및 장애인	90일	150일	180일	210일	240일

※연령은 퇴사 당시의 만 나이
※장애인은 수급자격 신청일 당시 '장애인고용촉진 및 직업재활법'에 따른 장애인으로 등록되어 있어야 함.

3단계. 고용센터 방문 및 실업인정 신청

거주지와 가까운 고용센터를 방문해 상담사와 상담하고 2주 후 실시되는 1차 실업인정 안내교육을 받습니다. 동영상 교육을 받고 2주 내에 고용센터를 방문하지 않으면 이수한 교육이 소멸됩니다. 고용센터에서 진행하는 1차 실업인정 안내교육(필수참여)에서 취업희망카드를 발급받고 2~4차까지의 실업인정일과 실업인정 방문 안내를 받을 수 있습니다.

1차 교육 후 약 8일 분의 구직급여 수급액이 지급되며, 이후 2~4차까지 구직 활동을 진행한 것이 증명되면 '1일 구직급여 수급액×구

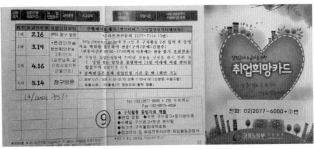

*취업희망카드

직 활동 일수'에 해당하는 구직급여가 지급됩니다.

1일 구직급여 수급액

1일 구직급여 수급액은 퇴직 전 3개월간의 1일 평균임금의 50%입니다.
▶상한액: 이직일이 2018년 1월 이후는 1일 60,000원
(2017년 4월 이후는 50,000원, 2017년 1~3월은 46,584원)
▶하한액: 1일 구직급여 수급액이 최저임금일액의 90% 미만인 경우 최저임금일액
의 90%로 계산
(소정근로시간 8시간을 기준으로 2018년 54,216원, 2017년 46,584원)

4단계. 구직 활동 및 구직급여 수급

본인의 실업인정일까지(취업희망카드에서 확인 가능) 매회에 두 건씩
구직 활동을 진행하고 이를 증명하면 약 2~3일 후 자신의 통장으

로 구직급여를 지급받을 수 있습니다. 구직 활동 증명은 온라인에서도 가능하며 워크넷을 통한 이력서 제출, 고용보험 사이트에서 인터넷 실업인정을 통해 편리하게 진행할 수 있습니다. 2차와 3차까지는 온라인을 통한 구직 활동 증명이 가능하지만 4차에는 반드시 출석해 교육을 받아야 합니다. 구직급여 외에 구직 활동 중 각 상황에 따라 취업촉진수당 등에 해당되는 경우 수급신청을 하기 바랍니다.

구직급여 신청 시 실업크레딧 신청하세요!

'실업크레딧'이란 2016년 8월 1일 이후 구직급여(실업급여) 수급 자격을 인정받은 수급자가 희망하는 경우 최대 1년까지 국민연금 보험료의 75%를 국가에서 지원하는 제도입니다. 노령 연금액도 늘어나고, 연금 수령을 위한 최소 가입기간인 10년도 채울 수 있습니다. 신청기한은 구직급여를 지급받는 마지막 달의 다음 달 15일까지입니다. 신청은 전국 국민연금공단지사 및 고용센터에서 가능하고, 구직급여를 신청할 때 함께하면 편리합니다.

| 실업신고 | 실업급여의 수급기간은 이직일 다음 날부터 12개월 이내이므로, 이직 이후 지체 없이 실업신고를 해야 합니다(사업주는 피보험자 자격상실신고서와 이직확인서를 고용센터에 신고해야 합니다). |

↓

| 구직등록 | 본인이 직접 워크넷(www.work.go.kr)에 신청해야 합니다. |

↓

| 수급자격 신청교육 | 수급자격 신청교육은 고용센터 방문 없이 온라인에서도 수강이 가능합니다(고용보험 홈페이지: 개인서비스→실업급여→수급자격 신청자 온라인 교육). |

↓

| 수급자격 인정 신청하기 | → 불인정 | 실업급여 신청 불가 | → 90일 이내 | 심사/재심사 청구 |

↓

| 실업인정 신청 | 수급자격이 인정되는 경우 매 1~4주마다 고용센터를 방문해 실업인정 신청을 해야 합니다. 최초 실업인정의 경우 수급자격인정일로부터 7일간 대기기간으로 급여를 지급하지 않습니다. |

조기재취업 수당	조기재취업 ↖	↓		
광역구직 활동비	← 광역구직 활동 시	구직 활동	→ 질병 등으로 구직 활동 불가 시	상병급여
이주비	↗ 취업으로 인한 이사	↓		

```
           ┌─────────────┐
           │  구직급여   │
           │    지급     │
           └─────────────┘
                  ↓
           ┌─────────────┐
           │  구직급여   │
           │  지급만료   │
           └─────────────┘
  미취업 시        ↓
           ┌─────────────┐
           │  구직급여   │
           │  연장지급   │
           └─────────────┘
```

훈련연장급여	개별연장	특별연장급여
훈련기간 중 직업능력개발 수당지급	급여	급여는 구직급여의 70% 만 지급됨

3.
원래
제
돈입니다!

우리는 누구나 하고 싶은 일을 할 자유가 있고, 근로기준법에서도 강제 근로를 금지하고 있습니다. 마찬가지로 언제든 회사를 그만둘 자유도 있습니다. 혹은 잘 다니던 회사에서 불미스러운 일로 해고를 당할 수도 있습니다. 실업급여가 어떻게 일을 그만두었는지에 따라 받을 수도, 못 받을 수도 있는 돈이라면, 퇴직금은 1년 이상 일했을 경우 마지막 월급처럼 누구나 받을 수 있습니다.

❶ 퇴직금, 언제 얼마를 받을 수 있을까

퇴직금은 상시근로자 1인 이상인 모든 사업장에서 일주일에 15시간 이상, 1년 이상 일했다면 받을 수 있습니다. 정규직뿐만 아니라 아르바이트, 파견직, 계약직 모두 꼭 챙겨야 합니다. 사회보험에 가입되지 않았거나 근로계약서가 없어도, 입사할 때 퇴직금이 없다는 것에 동의를 했어도 퇴직금은 무조건 받을 수 있습니다.

퇴직금 계산하는 법

퇴직금=1일 평균임금×30일× $\dfrac{\text{총 재직일수}}{365}$

*1일 평균임금= $\dfrac{\text{그만두기 직전 3개월 동안 지급된 임금총액}}{\text{3개월 기간의 총 일수}}$

*총 재직일수=입사한 날부터 퇴사할 때까지의 일수

근속기간 1년에 30일 분 이상의 평균임금을 퇴직금으로 받을 수 있습니다. 쉽게 말하자면 1년을 일했다면 한 달치 월급을, 2년을 일했다면 두 달치 월급을 퇴직금으로 받을 수 있습니다. 퇴직금은 퇴직 후 14일 이내 지급하는 것이 원칙입니다. 다만 회사 회계운영 등의 사유로 서로 합의했다면, 14일 이후에 받을 수도 있습니다. 단, 이런 경우 지급일을 언제로 할 것인지 분명하게 정하거나 확인서를 받아두는 것이 좋습니다.

한 직장에서 오래 일한 근로자에게 거액의 퇴직금을 한번에 지급하기 부담스러운 회사들이 간혹 퇴직금을 중간에 지급하기도 합니다. 혹은 월급의 일부분으로 넣어주거나 반기나 분기별로 주는 등 여러 방식으로 지급하는 경우가 있습니다. 재직 중인 근로자에게 퇴직금을 미리 지급해주는 것을 '퇴직금 중산정산'이라고 합니다. 하지만 사회적 안전망이 부족한 현실에서 퇴사 후를 생각하면 퇴직금이 그렇게 활용되는 것은 취지에 어긋나는 일입니다. 그래서 퇴직금 중간정산은 2012년 7월 26일 부로 엄격히 제한됐습니다.

다만 퇴직금의 취지가 근로자를 위한 것이니 근로자가 목돈이 필요한 상황이라면 요청해 중간정산을 받을 수 있습니다. 하지만 이 경우에도 사업주가 승인을 해야만 합니다. 결국 퇴직금 중간정산은 사업주가 일방적으로 할 수도 없고, 근로자가 요청한다고 무조건 받을 수 있는 것도 아닙니다.

"1년 5개월째 일하고 있는데 1년째에 퇴직금 중간정산을 받았습니다. 중간정산 금지라는 건 알고 있었지만 사장님이 해주셔서 받았는데, 이번에 일을 그만두면 5개월 치는 못 받는 건가요?"

– 퇴직금을 중간정산 받은 A씨

퇴직금은 1년 이상 근무했을 때 발생하고, 총 근무기간에 따라 금액을 산정합니다. A씨의 경우 1년 5개월 치에 대한 퇴직금을 받아야 합니다. 중간정산은 원칙적으로 제한하지만 처벌조항이 없어 미리 지급한 금액을 인정하는 경우가 많습니다. 그래서 나머지 5개월에 대한 퇴직금도 지급받을 수 있습니다. 퇴직금은 퇴사 전 3개월 임금을 기준으로, 1년 치 퇴직금의 12분의 5로 계산합니다.

퇴직금 중간정산 가능 사유

- 무주택자인 근로자가 본인 명의로 주택을 구입하는 경우
- 다음에 해당하는 사람의 질병이나 부상으로 6개월 이상의 요양비용을 근로자가 부담하는 경우(근로자 본인, 근로자의 배우자, 근로자 또는 그 배우자의 부양가족)
- 퇴직금 중간정산을 신청하는 날부터 역산해 5년 이내에 근로자가 '채무자 회생 및 파산에 관한 법률'에 따라 파산선고를 받은 경우
- 그 밖에 다음의 사유와 요건에 해당하는 경우(태풍, 홍수, 호우, 강풍, 풍랑, 해일, 조수, 대설, 낙뢰, 가뭄, 지진, 해일 등의 천재지변 및 이에 준하는 자연현상으로 발생한 재해)

❸ 퇴직연금제도란?

근로자의 퇴직 이후 생활을 보장하기 위해 퇴직금제도가 도입돼 전 사업장으로 확대됐지만, 잦은 이직과 중간정산 등으로 퇴직금이 은퇴 이전에 생활자금으로 소진돼 노후재원으로의 활용이 미흡해졌습니다. 또한 기업이 도산해 퇴직금이 체불되는 경우가 많아지면서 이를 보완하기 위해 퇴직연금제도가 마련됐습니다.

퇴직연금제도란 1년 이상 근속 후 회사가 근로자의 퇴직에 대비해 퇴직금을 은행에 미리 적립해두는 제도입니다.

① 확정급여형 퇴직연금(DB, Defined Benefit)

근로자가 받을 퇴직급여(퇴직금과 동일, 근속기간 1년에 대해 30일 분 평균임금)가 확정된 제도로 사용자는 매년 부담금을 금융기관에 적립해 운용하며, 퇴직 시 근로자는 사전에 확정된 급여만큼의 연금 또는 일시금 수령.

② 확정기여형 퇴직연금(DC, Defined Contribution)

사용자가 납입할 부담금(연간 임금 총액의 12분의 1)이 확정된 제도로 사용자는 금융기관에 개설한 근로자 개별계좌에 부담금을 입금하고 근로자는 자기 책임 하에 적립금을 운용해 퇴직 후 연금 또는 일시금으로 수령(급여수준은 운용성과에 따라 변동). 근로자의 추가 납입 가능.

③ 개인형퇴직연금제도(IRP, Individual Retirement Pension)

이직 후 수령한 퇴직급여를 적립 및 축적해 노후소득재원으로 활용할 수 있게 한 장치. 퇴직연금 가입 근로자가 이직 시 퇴직급여를 가입자의 IRP 계정으로 의무적으로 이전하고, 연금 수령 시점까지 적립된 퇴직급여의 세금 납부를 연기해주며 운영하다 일시금 또는 연금으로 수령.

*퇴직금으로 퇴직급여를 받은 근로자, 자영업자 및 퇴직연금 가입 근로자도 임의 가입할 수 있으며, 연간 1,800만 원 한도에서 자기 부담으로 추가 납입 가능.

회사에서 가입할 수 있는 퇴직연금제도의 종류는 DB형과 DC형으로 1년 이상 근무 후 퇴직한 근로자는 개인퇴직연금계좌(IRP)를 개설하고, 은행명과 계좌번호를 회사에 알려 퇴직적립금을 송금받는 방법으로 지급됩니다(2012년 7월 26일 제도 시행 이후 IRP로만 퇴직급여 수령 가능).

A기업	전직 →	B기업	전직 →	C기업	운용수익
↓		↓		↓	+
↓		↓		C기업에서 수령한 퇴직급여	통산 퇴직급여
↓		B기업에서 수령한 퇴직급여			
A기업에서 수령한 퇴직급여					

연금/일시급 지급

※퇴직연금은 내가 직장을 옮기더라도 모두 합쳐서 퇴직급여를 수급할 수 있습니다.

IRP로 퇴직금을 송금하면 가입자(퇴사자)는 계좌를 해지하고 일시금으로 수령하거나, 계좌를 유지하며 은퇴 후 연금으로 수령하는 방식 중 선택할 수 있습니다. 다만 연금 방식으로 계좌를 유지하면 소득세 등의 세제 혜택이 있으나 은퇴 이전(만 55세 이전) 중도인출이 제한됩니다.

4.
만약
받을 임금이
남았다면

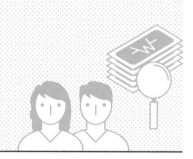

❶ 나는 임금을 다 받은 걸까?

> "유명 프랜차이즈 회사였기 때문에 임금을 제대로 지급하지 않았을 거란 생각을 해본 적이 없었어요."
>
> *—프랜차이즈 레스토랑 아르바이트 A씨*

　　고용노동부에서 발표한 자료에 따르면, 2016년을 기준으로 전국의 임금체불 규모는 1조 4,000억 원에 이르는 것으로 추산됩니다. 이는 지난 2009년 이후로 최대 규모입니다. 게다가 실제 체불된 액수는 이것보다 더 클 것으로 예상됩니다. 그 이유는 근로자가 자신이 임금체불 상태인지 모르는 경우가 많기 때문입니다. 그렇기 때문에 일을 그만두는 과정에서 내가 임금을 다 받았는지 하나하나 따져봐야 합니다.

우리나라의 임금체계는 상당히 복잡합니다. 그래서 임금체불을 확인하려면 단순히 시급과 근로시간을 계산하는 것이 아니라 좀 더 꼼꼼하게 챙겨봐야 합니다.

1. 근로의 대가로 줘야 할 급여를 지급하기로 정해진 때(월급일)에 지급하지 않은 경우
2. 휴업수당, 연장·야간·휴일 근로수당, 해고 예고수당을 지급하지 않은 경우
3. 최저임금에 미달하는 임금을 지급하는 경우
4. 주휴수당을 지급하지 않은 경우
5. 퇴직 후 14일 이내에 지급해야 할 임금 또는 퇴직금을 지급하지 않은 경우

위의 다섯 가지 중 단 한 가지라도 해당한다면 임금체불이라고 볼 수 있습니다.

① 근로계약서와 임금명세서 확인하기

임금은 크게 '기본급', '시간외수당', '기타수당'으로 이뤄져 있습니다. 연봉계약은 각 구분마다 1년 동안 받아야 하는 총량을 상정하고 계약한 만큼, 매달 입금된 임금이 실제 연봉계약과 다르지 않은지 확인해야 합니다. 그리고 임금의 세부적인 내용은 근로계약서에

적혀 있는 임금 구성을 확인해야 합니다. 근로계약서에 자세하게 기재되지 않았을 경우 임금명세서를 요구하는 것도 좋은 방법입니다.

임금명세서는 기본급을 포함한 각종 수당, 식비와 같은 복리후생비 등을 포함해 작성하도록 돼 있습니다. 임금명세서로 기존에 근로계약을 맺었던 내용들이 제대로 이행되는지 확인할 수 있습니다. 또한 임금명세서에는 지급해야 하는 총액뿐만 아니라 4대보험과 소득세 등 공제금액까지 기재돼 있습니다.

다만 근로계약상의 임금총액과 실제 받은 임금총액을 비교할 때 주의할 사항이 있습니다. 4대사회보험이나 소득세와 같이 임금근로자가 필수로 국가나 기관, 단체에 납부하는 금액을 사업주가 미리 떼서 한번에 납부하는 것을 '원천징수'라고 합니다. 따라서 원천징수된 금액이 실제 내 통장에 들어오지 않았어도 임금체불이 발생한 것은 아닙니다. 즉 내가 월급을 제대로 받았는지 정확히 확인하기 위해서는 임금명세서상의 공제액을 포함한 총 지급액과 근로계약상의 임금을 비교해야 합니다.

하지만 사회보험이나 소득세 등을 공제한다는 핑계로 임금의 일부를 떼고도 실제로는 사회보험료를 납부하지 않는 경우가 종종 있습니다. 4대보험 정보연계센터와 국세청에서 나의 보험료와 세금이 제대로 납부됐는지 확인할 수 있습니다.

② 연차수당 확인하기

연차휴가를 다 쓰지 못했을 경우 '연차미사용수당'을 요구할 수 있습니다. 다만 사업주가 반복적으로 연차 사용을 서면으로 권고했음에도 사용하지 않았다면 미사용 연차수당을 받을 수 없습니다. 따라서 사업주가 연차사용을 권고할 경우 업무상 피치 못할 상황이 아니라면 반드시 사용하는 것이 좋습니다.

그럼에도 연차를 다 소진하지 못했다면 하루치 통상임금을 계산해 사용하지 못한 연차일수만큼 추가로 임금을 받아야 합니다.

연차수당 총액=통상임금 1일 분×미사용 연차일수

③ 수습기간 중 임금 확인하기

처음 입사했을 때, "3개월 동안은 수습이야"라는 말을 들었다면 그 기간 동안 임금을 얼마나 받았는지도 확인해야 합니다. 현행법상 수습기간에는 최저임금의 90%까지 지급하도록 돼 있습니다. 따라서 수습기간 동안 임금을 적게 받았다면, 최저임금 90% 조항을 위반한 것은 아닌지 확인이 필요합니다.

수습기간이어도 다음 사항에 해당하는 경우라면 최저임금보다 낮게 임금을 줄 수 없습니다. 최저임금법에서 말하는 단순노무업무란 서빙, 편의점, 택배와 같은 직종을 의미합니다.

1. 1년 미만의 기간을 정하여 근로계약을 체결한 경우
2. 1년 이상의 기간을 정하여 근로계약을 체결했더라도 그 기간이 3개월이 넘는 경우
3. 단순노무업무로 고용노동부 장관이 정하여 고시한 직종에 종사하는 경우

[최저임금법 제5조 최저임금액. 시행 2018.03.20.]

④ 휴게시간과 근로시간의 사이

휴게시간은 사업주의 지시·감독에서 벗어나 근로자가 온전히 자유롭게 사용할 수 있어야만 인정됩니다. 하지만 전화를 받아야 하는 등 온전히 보장받지 못했다면 휴게시간은 없었던 것으로 보는 것이 맞습니다. 휴게시간을 온전히 보장받지 못했다면 이는 근로시간으로 봐야 하며, 따라서 해당 시간만큼 임금을 요구할 수 있습니다. 기본급을 계산할 때 최저임금 위반 유무를 판단하는 데 포함됩니다. 또한 통상적으로 운영되는 오전 9시 출근, 오후 6시 퇴근을 가정하면 휴게시간이 없을 경우 하루 근로시간은 9시간이 되므로 연장수당을 요구할 수 있습니다.

⑤ 기본급과 최저임금 비교하기

마지막으로 체크해야 하는 것은 기본급과 최저임금을 비교하는 일입니다. 근래에는 예상 연장근로시간까지 미리 계산해 한번에 임금을 결정하는 경우가 많습니다. 이러한 방식을 '포괄임금제'라

고 합니다. 그런 경우 주 40시간 기준 근무에 연장근로와 야간근로를 포함해 임금을 책정합니다.

하지만 포괄임금제로 근로계약을 체결하면 서로 합의한 예상 연장근로시간보다 더 많은 시간을 일해도 연장 및 야간 수당을 제대로 보장받지 못하는 경우가 종종 발생합니다. 왜냐하면 포괄임금제로 계약할 경우 별도로 근로시간을 확인하지 않기 때문입니다. 심지어 총 근로시간이 기하급수적으로 늘어나면서 기본급이 최저임금에도 못 미치게 됩니다.

$$\text{시급} = \frac{\text{월 기본급}}{\text{법정근로시간(209시간)+연장근로시간}} \text{(주 40시간 근무 기준)}$$

위와 같은 방식으로 계산했을 때 시급이 최저임금보다 낮으면 임금체불이 발생한 것입니다. 임금의 성격마다 조금씩 차이는 있지만, 퇴사 후 14일이 지났을 경우 퇴직금을 포함한 모든 미지급 임금을 받기 위해 고용노동부에 진정을 넣을 수 있습니다.

❷ 가능한 모든 증거를 확보하라

만약 임금을 다 받지 못했다면, 고용노동부 홈페이지 민원신청으로 진정을 넣을 수 있습니다. 진정을 진행하기 이전에 먼저 해야 할 일이 있습니다. 바로 임금이 체불됐다는 것을 뒷받침해줄 증거를 모으는 일입니다.

① 증거자료 확보하기

필요한 증거자료의 종류는 임금, 근로시간, 사업주 및 사업장정보 등 크게 세 가지로 나눌 수 있습니다. 하지만 이 모든 것이 준비되지 않았다고 해서 임금체불을 입증할 수 없는 것은 아닙니다. 어쨌든 확인할 수 있는 관련 자료를 하나라도 확보하는 것이 중요합니다.

	직접증거	간접증거
임금	근로계약서, 취업규칙, 급여명세서, 통장입금내역	채용공고, 문자나 SNS 기록, 현금 본인입금내역
근로시간	출퇴근카드 및 일지	교통카드 이용내역, 개인일기장, 사내메신저 및 SNS 기록
사업주 및 사업장정보	이름, 주소, 연락처, 법인등기부등본, 사업자등록증	

임금체불이 발생했을 때 가장 중요하게 입증해야 하는 핵심 내용은 '내가 받기로 한 임금'과 '실제로 받은 임금'이 다르다는 것입니다. 그렇기 때문에 임금체불이 발생했을 때 근로계약서의 임금을

확인하는 것도 중요하지만, 실제로 내가 얼마를 받았는지를 입증하는 것도 중요합니다.

'내가 받기로 한 임금'을 입증하기 위해서는 근로계약서나 10인 이상 사업장의 경우 의무적으로 비치해야 하는 취업규칙을 확보하는 것이 가장 확실합니다. 하지만 처음에 근로계약서를 작성하지 않았거나 취업규칙이 없는 상황이라면 다른 증거를 찾아야 합니다. 구직할 때 봤던 채용공고나 사업주와의 대화기록, 즉 녹음파일이나 문자, SNS 기록들도 증거자료로 사용할 수 있습니다.

'실제로 받은 임금'의 가장 확실한 증거자료는 통장내역과 급여명세서입니다. 그렇기 때문에 임금은 현금이 아니라 계좌로 받는 것이 무조건 유리합니다. 하지만 사업주가 현금으로 준다면, 임금을 받을 때마다 전부 통장에 입금하는 것이 좋습니다. 그럴 경우 직접 증거로 채택되긴 어렵더라도 간접적으로 임금을 확인할 수 있는 증거자료로 제출할 수 있습니다.

최저임금 위반을 확인하려면 근로시간은 필수요소입니다. 만약 사업장에서 근무일지를 작성했다거나 출퇴근카드를 찍었다면 그 기록을 확보하면 됩니다. 하지만 그런 기록이 없다면 교통카드 이용내역이나 개인일기장에 출퇴근일지를 별도로 작성해두면 후에 증명자료로 쓸 수 있습니다. 교통카드 이용내역이나 개인기록이 일정치 못하고 신뢰성이 조금 떨어져도 다른 증거들이 없으면 증거로서 효력을 발휘합니다.

그마저도 기록하거나 확보하기 어려운 상황이라면, 사내메신저로 동료들과 대화한 시간 혹은 사업장에서 찍은 휴대전화 사진에 기록된 촬영시간, SNS로 지인들과 대화한 내용과 시간으로도 어느 정도 입증이 가능합니다.

마지막으로 사업장의 정확한 명칭과 주소, 그리고 연락처를 알고 있다면 조금 쉽게 진정을 넣을 수 있습니다. 사업장 내에 비치된 사업자등록증과 같은 서류를 사진으로 찍어두는 것도 방법입니다.

체불임금을 받기 위해 위의 모든 증거자료가 필요한 것은 아니지만 본인의 근로조건과 임금을 입증할 수 있는 증거자료를 하나라도 갖고 있는 것이 중요합니다. 법적으로 꼭 이런 양식이 필요하다는 것이 아니라 판단을 위한 최소한의 자료가 있어야 한다는 의미입니다. 또한 증거자료들을 모으기 어렵거나 확보할 수 없는 상황이라면 함께 일했던 동료들의 증언도 도움이 됩니다. 이처럼 증거자료는 법적 양식에 꼭 맞춰져 있지 않아도 됩니다. 실제의 근로조건이 어땠는지를 판단하기 때문입니다.

② 고용노동부에 진정 넣기

증거를 모두 확보했다면 고용노동부 홈페이지에서 임금체불 진정서를 등록하거나 관할지역 고용노동지청을 직접 방문해 진정을 넣을 수 있습니다. 이후 사실관계 확인과 같은 절차를 거치고 나면, 근로감독관은 확인된 체불임금을 사업주에게 지급하도록 명령합니다.

임금체불을 해결하는 방법

임금체불	임금지급일	→ 14일이 지난 이후	임금체불	→ 3년이 지날 때까지	임금지급 요구 가능

↓

사업주에게 요구	통화를 녹음하거나 문자를 저장해놓고 추후 증거기록에 첨부

↓

임금체불 진정	관할지역 고용노동지청에 임금체불 진정서 제출 ※관할관서는 사업장의 지역을 선택

온라인	고용노동부 홈페이지 〉 민원신청 〉 임금체불 진정서 등록
또는	
직접방문	관할지역 고용노동지청을 방문해 직접 등록

↓

근로감독관 배정	근로감독관은 사법경찰의 권한을 갖고 있으며, 수사방법에 재량을 가짐

↓

조사 시작	사건조사를 위한 출석요구 ※대리인을 선임하려 한다면 출석하기 전에 결정

↓

조서 작성	근로감독관의 질의응답으로 사건조사 문서 작성

보충할 증거가 있으면 이때 함께 제출합니다.
근로감독관이 초안을 작성해 보여주면 서명이나 날인을 하기 전에 잘 살펴보고
잘못된 내용은 수정합니다. 서명이나 날인을 하면 이를 번복하기가 상당히 어렵습니다. 사용자도 조사 후에 조서 작성.

↓

↓

대질 심문	사용자 측과 대질을 통해 대립되는 주장을 조사 · 조정

합의 또는 판결

사건종결	합의 · 조정 또는 판결로 사건 종결
또는	
명령불복종	근로감독관의 명령에 불복 시, 민사소송을 진행

TIP

사용자가 명령에 따르지 않는다면?
사용자가 명령에 불복종하면 노동관서에서 체불금품확인원을 발급받아 민사소송을 진행할 수 있습니다. 당사자의 월 평균급여가 400만 원 미만이라면 대한법률구조공단에서 무료로 민사소송이 가능하며, 국선변호사 선임이 가능합니다(사용자가 지불능력이 없다면, 400만 원까지 소액체당금 신청 가능).

3_ 퇴사할 땐 더 꼼꼼히!

증거자료를 모두 모으고 진정을 넣고 절차를 밟아서 모든 것이 해결된다면 좋겠지만 현실은 그렇지 않습니다. 임금체불을 해결하는 과정에서 발생할 수 있는 돌발 상황들과 대처법에 대해 살펴보겠습니다.

가. 입금되기 전까지 절대 진정을 취하해서는 안 된다

진정을 진행하며 근로감독관이 합의를 종용하는 경우가 있습니다. 이는 임금체불 문제를 빠르게 해결할 수 있다는 장점이 있습니다. 하지만 합의를 하더라도 체불임금이 실제로 입금되기 전까지는 절대로 진정취하서를 작성하면 안 됩니다. 임금체불 진정사건은 진정인이 취하를 하면 사건이 종결돼 같은 사건으로 재진정을 넣을 수 없기 때문입니다.

사업주는 합의로 사건을 종결해 임금체불 사실을 기록으로 남기지 않고 마무리하려는 경우가 많습니다. 이에 근로자도 체불된 금액을 더 일찍 받을 수 있기 때문에 실제로 체불임금 사건은 합의로 끝나는 비율이 더 높습니다. 하지만 합의 하에 사건을 종결시킨 뒤 사업주가 임금지급을 회피한다면 문제가 발생합니다. 같은 사건으로 재진정을 넣을 수 없기 때문에 민사소송을 해야 하는 상황에 맞닥뜨립니다. 게다가 합의로 끝난 상황이기 때문에 근로감독관의 체불임금확인서를 받을 수 없습니다. 그 말인즉, 민사소송을 진행하면서 임금체불 사실을 다시 증명해야 한다는 것입니다. 또한 민사소송은 고용노동부 진정을 밟는 것보다 더 많은 비용과 시간이 소요

됩니다.

근로감독관은 근로조건과 관련된 위법사항을 수사할 수 있기 때문에 다른 말로는 '특별사법경찰관'이라고 부릅니다. 근로감독관에게 많은 권한이 주어진 만큼 진정을 하는 과정에서 근로감독관의 성향과 태도에 따라서 불합리한 상황들이 벌어지곤 합니다.

근로감독관이 제대로 사건처리를 하지 않거나 과하게 사업주 편만 들어 근로자의 이야기를 제대로 듣지 않는다면 근로감독관 변경을 요청할 수 있습니다. 진정을 취하하지 않은 상태로 고용노동부에 재진정을 넣거나 국민신문고 민원으로 교체를 요구할 수 있습니다.

근로감독관을 통해 임금체불 확정판결을 받았는데도 사업주가 도산하는 등의 여러 이유로 임금을 받지 못하는 경우가 있습니다. 이럴 때는 '체당금제도'로 이를 보전받을 수 있습니다. 체당금제도는 임금체불을 제대로 해결하지 못하면 근로자의 생계가 위험에 빠질 수 있기 때문에 이를 보완하기 위해 만들어진 제도입니다. 일정한 요건이 충족되면 국가가 사업주를 대신해 근로자에게 체불임금의 일부를 지급하고, 이후 국가가 사업주에게 그 금액을 청구해 받는 방식으로 진행됩니다.

① 체당금의 종류

체당금은 사업주가 도산했을 때 신청할 수 있는 일반체당금과 그와 상관없이 임금체불 확정판결을 받은 경우 청구할 수 있는 소액체당금으로 구분됩니다.

유형		내용
일반체당금	재판상 도산	법원으로부터 파산선고결정 또는 회생절차개시결정을 받은 회사로부터 임금, 휴업수당, 퇴직금을 지급받지 못한 경우
	사실상 도산	도산, 폐업, 부도 등 경영악화로 고용노동부가 '도산'으로 인정한 회사 ①사업이 폐지됐거나 폐지 과정에 있고 ②미지급임금을 지급할 능력이 없거나 현저히 곤란한 상태에 있어야 하며 ③상시근로자 300인 미만일 것
소액체당금		회사가 도산하지 않았어도, 즉 회사의 재정상태와 상관없이 회사로부터 임금, 휴업수당, 퇴직금을 지급받지 못한 경우

② 일반체당금

가. 일반체당금의 상한액

범위		월정 상한액(근로자 퇴직 시 만 나이)				
		30세 미만	30세 이상 ~ 40세 미만	40세 이상 ~50세 미만	50세 이상 ~60세 미만	60세 이상
임금	퇴직 직전 최종 3개월 분의 임금	180만 원	260만 원	300만 원	280만 원	210만 원
퇴직금	퇴직 직전 최종 3년 분의 퇴직금	180만 원	260만 원	300만 원	280만 원	210만 원
휴업수당	퇴직 직전 최종 3개월 분의 휴업수당	126만 원	182만 원	210만 원	196만 원	147만 원

나. 일반체당금의 신청기준

근로자 기준	사업주 기준
– 사업장에서 퇴사했을 것 – 재직기간 중 임금, 퇴직금, 휴업급여가 체불됐을 것 – 노동청에 진정(고소)을 제기해 체불금품이 확정됐을 것 – 도산신청일 기준 1년 이전부터 3년 이내 퇴직했을 것 – 도산결정일로부터 2년 이내 체당금을 신청할 것	– 산재보험법이 적용되는 사업 또는 사업장일 것 – 6개월 이상 사업을 영위했을 것 – 도산결정이 있을 것

다. 일반체당금의 지급 절차

체불임금 확정	→	도산 인정	→	체당금 신청	→	체당금 지급
고용노동부		고용노동부		고용노동부		근로복지공단

③ 소액체당금

가. 소액체당금의 상한액

연령에 관계없이 최대 400만 원까지

나. 소액체당금의 신청 기준

근로자 기준	사업주 기준
– 퇴직한 다음 날부터 2년 이내에 소송을 제기해 확정판결을 받을 것	– 6개월 이상 사업을 영위했을 것

다. 소액체당금의 지급 절차

체불임금 확정	→	확정판결	→	체당금 신청	→	체당금 지급
고용노동부		법원		근로복지공단		근로복지공단

에필로그

많은 사람이 노동법을 공부하고 나서 이렇게 묻곤 합니다. "노동법은 생각보다 잘되어 있는데 왜 지켜지지 않는 거죠?" 맞는 말입니다. 안타깝게도 노동법은 저 멀리 있고, 사장님의 부당한 지시만이 가까운 게 현실입니다.

노동법이 아무리 잘되어 있어도 개인의 힘만으로 일터의 부당한 관행을 바로잡는 건 굉장히 어려운 일입니다. 문제를 제기하면 해고 위협 같은 불이익을 받을까봐 두렵기도 합니다. 끝까지 버텨서라도 해결하고 싶지만 개인이 감당하기엔 많은 비용과 시간이 듭니다. 결국 대다수가 그저 참고 견디는 현실적 방법을 택합니다. 설령 끝까지 버티고 싸워서 자신의 권리를 지켜내더라도 주변에 그러지 못하는 친구들을 보거나 혹은 다음 직장에서도 똑같은 상황에 처하면 좌절감이 들기도 합니다.

언론에서는 연일 청년실업률이 매우 심각하다고 이야기합니다. 급격한 경제성장은 책에서만 봤을 뿐, 늘 경제가 어렵다는 이야기만 들었습니다. 나의 어려움을 사회가 함께 해결해줄 것이라고 생각하기 어려운 요즘, 인구절벽을 앞두고 '스스로 선택한 멸종'이라는 말은 너무나 당연한 결과입니다. 이렇게 일상적으로 체념을 반복할 수밖에 없는 우리가 노동법을 안다고 해서 나의 권리를 지킬 수 있을 것이라고 확신하기는 어렵습니다. 비록 우리가 든 촛불로 최고권력자를 바꾸는 경험을 해냈지만, 그때의 감격은 온데간데없고 일상은 크게 변한 게 없습니다. 아마 우리에게 당장 절실한 것은 '소소하지만 확실한' 승리의 경험일지도 모릅니다.

청년유니온은 불합리한 일에 작은 승리의 경험을 쌓아가고자 하는, 일하고 꿈꾸고 저항하는 청년들의 노동조합입니다. "이 바닥은 원래 그래"라는 말에 "원래 그런 것은 없다"고 함께 외치고, 청년 세대의 문제와 한국사회의 불평등을 해결하기 위한 정책을 요구하고, 함께 하나씩 바꿔가는 경험을 만들고 있습니다. 더 많은 청년과 함께 더 많은 변화를 만들고자 합니다. 노동법 공부 모임을 하던 청년유니온 조합원들이 법 조항으로만 있던 아르바이트 노동의 주휴수당을 현실의 권리로 바꿨던 것처럼 이 글을 읽는 누구라도 그 과정을 함께할 수 있다고 생각합니다.

한국사회에서 노동인권 침해는 일상입니다. 생각보다 노동법이 잘되어 있지만, 여전히 바꿔야 할 부분도 많습니다. 여전히 부족한 실업급여, 교묘한 직장 내 괴롭힘, 구조적인 성차별, 근로자성을 둘러싼 분쟁, 디지털 기술을 이용한 편법까지, 변화한 현실에 맞춰

법을 보완해야 할 부분도 많습니다. 아마 그러한 변화가 현실이 되면 이 책의 내용을 기쁘게 고칠 수 있지 않을까 상상해봅니다.

혹여나 추가적으로 궁금한 내용이 있거나 내용이 잘 이해되지 않는다면 언제든지 청년유니온으로 연락주시기 바랍니다. 또한 노동상담도 하고 있으니 실제로 일을 하면서 문제가 발생하면 주저 말고 청년유니온으로 찾아오셔도 좋습니다. 건투를 빕니다.

노동상담 02-735-0262 청년유니온 홈페이지 **youthunion.kr**

용어 사전

개근　　　　근로제공 의무가 있는 날, 즉 소정근로일에 '결근'하지 않는 것을 말한다. 조퇴나 지각을 했어도 모두 출근하면 개근으로 본다.

건강보험　　　국민의 질병을 예방하고 치료하는 것이 목적인 보험으로 국민건강보험공단에서 운영한다. 직장에 다니는 경우 직장가입자, 직장에 다니지 않지만 소득이 있는 경우 지역가입자로 분류한다. 보험료율은 근로자와 사업주가 각각 3.035%로 총 6.07% 납부한다.

결근　　　　근로제공 의무가 있는 소정근로일에 근로자가 임의로 출근하지 않는 것을 말한다.

고소·고발　　사용자를 처벌하기 위한 목적으로 사용하는 수단이다. 사용자가 노동법 중 처벌조항을 위반했을 때 진행할 수 있다. 이 경우 근로감독관이 해당 사안을 조사하고, 검사에게 보고해 수사의 지휘를 받는다.

고용노동부(고용노동청) 고용과 노동을 관장하는 중앙행정기관이다. 임금체불 등 근로조건에서 불이익을 받았다면 고용노동청에 구제신청을 할 수 있다. 고용노동부 홈페이지에서 민원신청을 하면 사업장 소재지에 따라 근로감독관이 배정된다.

고용보험 근로자의 실업 시 소득을 보장하고 안정적 고용을 위해 시행하는 제도로 노동지청 고용지원센터에서 담당한다. 보험료율은 근로자가 0.65%, 사용자가 0.65%+0.25%~0.8%를 납부한다.

공제임금(내역) 사전에 약속한 임금 총액에 소득세와 갑근세, 4대보험료와 노동조합비 등을 미리 공제하는 것을 말한다. 이 금액들이 실지급임금에서 제외돼 지급됐어도 임금체불은 아니다.

구직급여 구직급여를 받으려면 일을 그만두기 전 18개월 중 고용보험 가입기간이 180일 이상이어야 한다. 이는 재직 중일 때 출근해 근로를 제공한 날을 말한다. 또한 여러 사업장에서 일했다면 보험가입기간을 합산해 계산한다.

국민연금 근로자의 은퇴 후 소득보장을 위해 마련된 제도로 국민연금관리공단에서 운영한다. 보험료율은 근로자와 사업주가 각각 4.5%를 부담하며, 총 9%를 납부한다.

권고사직 사업주가 근로자에게 퇴직을 권유해 사직서를 제출하는 방식으로 근로계약을 종료하는 것을 말한다. 다만 이 경우 근로자의 의사에 따라 결정돼야 하는 것이 원칙이기 때문에 사안에 따라 부당해고로 볼 수 있다.

근로감독관 　　　노동법상의 근로조건을 감시하기 위해 고용노동부에 소속된 사법경찰관이다. 근로감독관은 사업장에 대한 수사 기능이 있다. 또한 노동관계 법률과 관련된 범죄에 대해서는 형사소송법상의 사법경찰관 직무를 수행할 수 있다.

근로자 　　　근로기준법상 '근로자'는 직업의 종류와 관계없이 임금을 목적으로 사업이나 사업장에 노동력을 제공하는 자를 말한다. 노동의 형태와 계약의 형식에 구애받지 않고 사용자의 지휘·감독을 받는 종속적 위치라면 근로자라고 볼 수 있다.

근로조건 　　　사용자와 노동자가 약속한 조건으로 근로계약서에 담기는 계약기간, 근무장소, 업무내용, 소정근로시간, 근무일, 휴일, 임금구성 등의 내용을 통칭 근로조건이라고 한다.

내규 　　　취업규칙의 다른 말. 사업장 운영에 필요한 규정들을 명시한 것으로 업무, 인사, 임금 등을 비롯한 규정이 포함된 경우가 일반적이다. 취업규칙은 10인 이상 사업장의 경우 필수로 비치해야 한다.

노동법 　　　정확한 명칭은 '노동관계 법률'이다. 우리나라 법에 '노동법'은 없으나 근로조건과 관련된 근로기준법, 최저임금법, 노동위원회법, 노동조합법 등 30여 개의 법을 통칭해 노동법이라고 한다. 정확하게 이 법이 노동법이라고 정해진 것은 아니다.

노동절(근로자의 날)　매년 5월 1일은 근로기준법에 의한 유급휴일로 지정되어 있다. 만약 5월 1일에 일을 했다면 휴일근로수당을 지급받아야 한다.

노동조합　'노동조합 및 노동관계 조정법'에 따르면 노동조합은 일하는 사람이 스스로 단결해 노동조건을 유지하거나 개선하고 노동자의 경제적·사회적 지위 향상을 도모하는 단체다. 유형별로 산업별 노동조합, 기업 내 노동조합, 일반 노동조합으로 구분한다.

단체협약　노동조합과 사용자가 단체교섭으로 정한 근로조건에 관한 자치적 규범이다.

도급근로　어떤 일을 완성하는 것을 약정하고, 그 결과의 보수를 지급받는 일이다. 흔히 '프리랜서'로 일하는 개발자나 디자이너가 이 범위 안에 해당한다. 다만 도급의 경우 실제로 현장에서 근로자로서 인정받을 수 있는지에 대한 쟁점이 발생하기도 한다.

법정근로시간　노동법(근로기준법)에 정해진 근로시간을 말한다. 1일 8시간, 1주 40시간을 초과할 수 없다. 성인의 경우 1주 12시간 내 연장근로가 가능하다. 법으로 정한 기준시간으로 보며, 주휴수당을 계산할 때 사용된다.

법정휴일　법으로 정한 휴일이다. 법률로 정한 휴일에는 주휴일과 노동절이 있다. 반대로 사용자와 노동자가 협약으로 약속한 휴일은 약정휴일이며, 회사 및 노동조합의 창립기념일이 여기에 해당된다.

보상휴가(대체휴가)　　시간외근로에 대한 임금 및 가산수당을 지급하지 못한 경우 보상휴가제를 활용할 수 있다. 실제로 일한 시간에 0.5배 가산해 지급한다.

복리후생비　　근로자의 복지를 증진시키기 위해 사업주가 부담하는 복지시설이용료와 식비, 교통비, 숙박비 같은 비용을 말한다. 일반적으로 임금항목 중 업무와 연관성이 적은 복지비용들이다.

부당해고　　가장 심각한 노동법 위반행위로 볼 수 있으며, 이는 노동권 자체를 무너뜨리는 행위다. 해고의 유형별(징계, 정리, 인사발령, 계약기간 만료 등)로 부당해고로 판단될 시 법적 요건을 확인한 후 신속히 대처해야 한다.

블랙기업　　일본의 청년단체 'POSSE'가 처음 개념화한 용어로 '노동착취가 일상적이고 조직적으로 이뤄지는 기업'을 가리킨다. 2015년 청년유니온에서 발표한 한국형 블랙기업은 고용불안정, 장시간 노동, 직장 내 괴롭힘, 폐쇄적 소통구조, 이 네 가지를 지표로 삼았다.

비정규직　　기간제 근로자, 단시간 근로자, 초단시간 근로자, 파견제 근로자를 말한다. 이는 정규직 근로자를 의미하는 '계약기간의 정함이 없음', '사업주에게 직접고용', '주 40시간 이상 풀타임'의 세 가지 조건 중 하나 이상이 반대되는 근로자를 넓은 의미에서 지칭한다.

사회보험　　건강과 소득을 보장하는 제도적 안전망으로 국민연금, 건강보험, 고용보험, 산재보험 등 네 가지 사회보험으로 구성돼 흔히 '4대보험'이라 불린다.

산업재해　　　　근로자가 업무와 관련된 시설물로 부상을 당하거나 업무와 관련해 질병에 걸리거나 혹은 사망하는 것을 뜻한다. 또한 2018년부터는 출퇴근 시 발생하는 교통사고 등도 산업재해로 인정한다.

상시근로자수　　　근로기준법은 노동조건의 최소한의 기준을 정한 법이다. 그러나 모든 사업장에 동일하게 적용되지 않는다. 근로기준법 제11조에서 이 법의 적용 범위를 다루는데, 상시근로자 5인 이상 사업장에는 모든 규정이 적용된다. 따라서 4인 이하 사업장에는 일부 규정만 적용된다.

상여금　　　　　명절, 휴가, 연말 등 정기적이거나 또는 임시적으로 지급되는 임금의 종류로 근로기준법상 지급되는 것이 아니다. 따라서 근로계약, 취업규칙, 단체협약에 따라 각각 회사별로 상여금의 명칭, 지급 횟수, 조건 등이 달라질 수 있다.

소정근로시간　　　법정근로시간 범위 내에서 노동자와 사용자가 일하기로 정해놓은 기간을 말한다. 시간외근로와 사용자 요청에 의한 출근 및 근로시간은 여기에 해당하지 않는다.

수습　　　　　　근로자로 정식 채용된 이후 기업의 필요에 따라서 교육훈련, 실습, 연수를 받는 근로자를 말한다. 이 기간에는 교육과 일을 병행한다고 보기 때문에 3개월까지는 최저임금의 90%까지 지급이 가능하다. 단, 최저임금의 90%를 주기 위해서는 근로계약 기간이 1년 이상이고, 단순노무직종이 아니어야 한다.

시용   '시험 삼아 사용하다'라는 의미로 넓은 의미에서는 '수습'이지만 정식 채용이 안 된 근로자를 뜻하는 경우가 많다. 이 기간 동안 근로자의 업무능력 등을 확인해 정식 채용을 결정한다. 정식 채용된 근로자가 아니기 때문에 근로기준법상 보호를 받기가 어려울 수 있다.

실업급여   비자발적으로 부득이하게 퇴직한 경우 실업급여를 받을 수 있다. 실업급여는 구직급여, 취업촉진수당, 연장급여, 상병급여로 구성되며, 실업기간에 재취업활동을 전제로 받는 것이 구직급여다.

실제근로시간   소정근로시간은 물론 법정근로시간의 연장 범위 내 시간뿐만 아니라 이를 초과한 연장근로시간까지 포함한다.

야간근로수당   밤 10시부터 다음 날 오전 6시 사이에 일했을 때 지급하는 수당으로 통상임금의 0.5배 가산해 지급한다. 5인 이상 사업장에만 적용된다.

연봉계약서   근로계약서와는 달리 연봉(임금)에 대해 작성한 문서를 뜻한다. 근로계약서에 임금이 명시됐어도 후에 연봉계약서로 임금계약을 다시 한다면, 근로계약서가 아닌 연봉계약서의 효력을 받는다. 다만, 입사할 때 근로계약서가 아닌 연봉계약서만 작성했다면 근로계약서 미작성으로 볼 수 있다.

연장근로수당   사용주와 노동자가 일하기로 약속한 시간(소정근로시간) 이상 일했을 경우 통상임금의 0.5배 가산해 지급한다. 5인 이상 사업장에만 적용된다.

연차수당(연차미사용수당)　　　　연차휴가를 사용하지 않았을 경우 연차수당으로 받을 수 있다. 이는 연차휴가 사용 시일이 끝난 이후 발생한다. 연차휴가가 남은 채 퇴사했다면 연차수당으로 지급받아야 한다.

연차휴가　　　　1년 동안 근로한 근로자에게 유급으로 15일 이상의 휴가를 부여하는 제도다. 근속연수가 늘어남에 따라 휴가 일수도 증가한다. 1년에 80% 이상 출근할 경우 발생하며, 5인 이상 사업장에만 적용된다.

영업기밀　　　　간혹 사업장의 직종에 따라 '기밀유지각서'를 작성하는 경우가 있다. 이 경우 영업기밀에 해당한다고 작성된 내용이 사업장의 경쟁력이나 이익에 영향을 미칠 경우 허용된다. 단, 근로자의 권리를 침해한다면 거부할 수 있다.

임금　　　　사용자가 노동자에게 노동의 대가로 지급하는 일체의 금품(임금, 봉급, 그 외)이다. 다만, 법적 판단이 필요할 때 임금에 해당하기 위해서는 지급이 확정되어야 하고(확정성), 조건과 관계없이 일정 근무에 대한 대가 지급이어야 하며(고정성), 모든 노동자 및 일정한 조건 또는 기준에 달한 모든 근로자(일률성)가 지속적으로 지급받거나(계속성), 정기적으로 받는(정기성) 등의 판단 항목을 충족시켜야 한다. 또한 명칭 자체가 실비변상적 성격을 갖더라도 노동의 대가에 해당하면 임금으로 볼 수 있다.

임금명세서　　　　지급받는 기본급과 상여금, 연장·야간·휴일 등 시간외근로수당을 포함한다. 또한 국민연금, 건강보험, 고용보험, 산재보험 등 4대보험을 포함한 각종 제외 항목 모두 기입돼야 한다.

임금체불　　　　　임금은 사용자가 임의로 지급하는 것이 아니라 근로기준법 제43조 임금지급 원칙에 따라 지급한다. 첫째, 임금은 매월 1회 이상 정기적으로 지급한다. 둘째, 일을 한 당사자에게 직접 지불한다. 셋째, 임금은 우리나라에서 사용할 수 있는 화폐로 지급한다. 넷째, 받기로 약속한 임금 전액을 지급한다. 네 가지 요건 중 하나라도 충족하지 못할 경우, 또는 각종 수당 등 받기로 한 임금을 14일 이내에 지급하지 않으면 임금체불로 판단한다.

정리해고　　　　　사용자의 경영상 사정을 이유로 노동자를 해고하는 것이다. 정리해고 요건은 (1)긴박한 경영상 필요, (2)해고 회피 노력, (3)해고 기준 및 해결방안에 대한 노사협의, (4)합리적이고 공정한 대상자 선정이다.

조기재취업수당　　　　　구직급여 수급자격을 인정받은 사람은 구직급여의 소정급여 일수가 50% 이상 남았을 때 취업하거나 재취업한 직장에 12개월 이상 고용되거나, 재취업한 사업주가 최후 이직한 사업장의 사업주이거나, 실업신고일 이전에 채용을 약속한 사업주에게 고용된 것이 아닌 경우, 재취업 이전 2년 내에 조기재취업수당을 지급받은 사실이 없는 경우, 모든 요건을 충족하면 조기재취업수당을 받을 수 있다.

주휴수당　　　　　일주일 동안 15시간 이상 일한 근로자에게 사용자는 1일의 유급휴일을 부여하는데, 이를 주휴일이라고 한다. 이를 수당으로 지급하는 것이 주휴수당이다. 지각이나 조퇴는 결근이 아니므로 이를 이유로 주휴수당을 미지급할 수 없다.

진정 　　　　노동청에 민원인(피진정인)의 고충을 해결해달라고 요구하는 민원이다. 노동청의 권한에 해당하는 사안은 근로감독관이 민원 내용을 조사할 수 있으며, 자체적으로 사건에 대한 판단을 내리거나 사건을 종결할 수 있다.

징계해고 　　　　근로자가 근로계약상의 의무를 위반하거나 책임이 발생했을 때 사용자가 해당 사유로 해고할 수 있는 가장 수위가 높은 처벌이다. 징계해고는 징계사유의 정당성, 절차의 적법성, 징계 수위의 적정성, 세 가지 요건을 갖춰야 한다. 하나라도 갖추지 못하면 무효가 된다.

최저임금 　　　　일하는 모든 노동자에게 적용되며 임금의 최저 수준을 보장해 노동자가 안정적으로 생계를 유지할 수 있게 하고, 노동력을 향상해 지속가능성을 보장하는 법이다.

추가수당 　　　　기본급 외에 받는 각종 수당을 뜻한다. '시간외근로수당', '제 수당' 등 여러 명칭으로 불린다. 대표적으로 연장근로수당, 야간근로수당, 휴일근로수당 등이 이에 해당한다.

취업규칙 　　　　10인 이상 사업장에는 필수로 비치하게 하는 사업장 운영에 필요한 규정이다. 근로계약서에 모든 내용을 담을 수 없기 때문에 전반적인 상황을 취업규칙으로 작성해 근로자들이 언제든 쉽게 볼 수 있도록 해야 한다. 10인 이상 사업장의 경우 인사와 복무, 업무와 관련된 규정을 취업규칙에 명시해야 한다.

통상임금　　　　　근로계약을 맺을 때 매월 받기로 약속한 임금을 말한다. 시간외수당, 야간수당, 휴일근로수당, 연차수당 등 각종 수당을 계산할 때 사용된다. 대체로 법정근로시간(1일 8시간, 1주 40시간)에 대해 책정된 급여(기본급과 고정적인 수당)라고 볼 수 있다.

통상해고　　　　　업무에 필수적인 자격을 잃거나 건강악화, 장애 등 장기간 노동이 어려운 상황이 발생했을 때 통상해고의 대상이 된다. 다만, 해당 사유가 발생하더라도 업무를 수행할 수 없는 기간이 짧거나 회복이 가능하다면 해고할 수 없다.

퇴직금　　　　　실업급여와 마찬가지로 퇴사 후 재취업까지 일정 기간 생계를 유지할 수 있게 하는 제도. 고용형태와 무관하게 한 사업장에서 1년 이상 계속 일을 해야만 받을 수 있다.

퇴직연금　　　　　사업주가 퇴직금을 직접 지급하는 것이 아니라 금융회사에 부담금을 납부하면, 금융회사에서 근로자에게 연금 또는 일시금으로 퇴직금을 지급한다.

특수고용노동자　　동일한 노동자임에도 근로계약 없이 사업주와 노동자 간의 도급계약으로 일하는 노동자다. 계약상의 이유로 근로기준법의 적용 대상이 아니므로 퇴직금, 연차휴가, 보험 가입이 불가능하다. 대표적으로 골프캐디, 화물차 운전기사, 학습지강사 등이 해당한다.

파견근로　　　　　파견업체의 사업주가 근로자를 고용하고, 소속된 회사가 아닌 다른 회사에서 근로하는 것을 말한다. 따라서 파견된 업체의 사용주에게 관리감독을 받는다. 파견근로자보호에 대한 법률로 파견 불가능 업·직종을 제한하고 있으나 한국에서는 지켜지지 않고 있다.

평균임금 퇴직금, 산업재해로 인한 휴업급여 등을 지급할 때 기준이 되는 임금이다. 근로자가 일을 하며 실제로 받은 임금 총액을 기준으로 한다는 점에서 통상임금과 구별된다. 평균임금 계산은 사유가 발생한 날 이전 3개월 동안의 임금 총액을 3개월 동안의 총 일수로 나누면 된다.

포괄임금제 시간외근로수당을 미리 산정하고 이를 임금총액에 포함시킨 것이다. 이를 인정한 것은 근로형태 중 실제근로시간을 산정하기 어려운 영업직, 기자, 운송업 종사자 등에게 법정수당을 지급하기 위해서였으나 현재는 대다수 직종에서 악용하고 있다.

프리랜서 한국의 노동법 범주 안에서 프리랜서의 명확한 정의는 없다. 일반적으로 회사에 소속되어 있지 않으며 사용주의 관리감독을 받지 않는다. 법률상 개인사업자의 형태로 계약을 맺는다.

해고 근로자의 잘못으로 해고되는 징계해고와 회사 경영상의 해고인 정리해고, 그리고 일신상의 사유에 의한 통상해고, 세 가지로 구분한다. 단, 근로자가 업무상 부상 또는 질병으로 요양 중일 경우와 산전·산후 여성이 휴업한 경우 그 후 30일 동안은 해고할 수 없다. 또한 해고는 30일 전에 서면으로 통보해야 한다.

휴가 일정한 조건을 갖춘 노동자가 신청 절차를 거쳐 회사의 승인을 받아 쉬는 날이다.

휴게시간　　　　　　　사용자의 지휘·감독에서 완전히 벗어나 자유
롭게 사용할 수 있는 시간이다. 손님을 기다리거나 잠시 자리를 비
우는 것은 휴게시간으로 볼 수 없다. 또한 휴게시간은 근로시간이
아니므로 임금지급의 의무가 없다.

휴업수당　　　　　　　사용자의 책임사유로 휴업하는 경우, 휴업기간
동안 근로자에게 평균임금의 70% 이상을 휴업수당으로 지급하는
제도다. 5인 이상 사업장에만 적용한다.

휴일　　　　　　　일할 의무가 없는 날이며, 이미 정해진 휴일에
는 별도의 절차 없이 쉴 수 있다.

휴일근로수당　　　　　근로자가 유급휴일(주휴일)에 일하면 사용자는
휴일근로시간 가산수당을 지급해야 한다. 통상임금의 0.5배 가산
해 지급하며, 상시근로자 수 5인 이상 사업장에 적용된다.

도움받을 수
있는 곳

청년유니온

청년들의 고용안정과 노동권 보장, 생활안정을 위한 기획사
업과 넓은 의미의 입법활동 및 거버넌스, 그에 관련한 캠페인을 진행
합니다. 그리고 청년들의 구체적인 노동현실을 세상에 알리기 위한
다양한 주제의 설문조사 및 실태조사를 진행합니다. 일상적 모임과
교육, 노동상담을 하고 있습니다.

홈페이지 **youthunion.kr**
노동상담 **02-735-0262**

지부	관할	연락처
서울청년유니온	서울특별시	전화 : 02-735-0261 메일 : yunion1030@gmail.com
경기청년유니온	경기도	카카오톡 : @경기청년유니온 메일 : ggyunion@naver.com
인천청년유니온	인천광역시	메일 : icycunion@gmail.com
대구청년유니온	대구광역시 경상북도	전화 : 053-428-5579 메일 : dgunion@naver.com
부산청년유니온	부산광역시	메일 : chung-u@hanmail.net
경남청년유니온	경상남도 울산광역시	메일 : unionkn3@gmail.com
광주청년유니온	광주광역시 전라남도	전화 : 062-225-0501 메일 : gjyouthunion@naver.com
청소년유니온		메일 : youth1524@naver.com

고용노동부

임금체불을 당하거나 근로계약 위반 사례를 발견했을 경우 상담받거나 진정을 넣을 수 있습니다.

홈페이지 **www.moel.go.kr**

전화 **(전국) 1350**

노동위원회

일터에서 차별을 받고 있거나 부당해고를 당했을 때 진정을 넣어 구체신청을 할 수 있습니다. 단, 처음에는 관할 지방노동위원회에 구체신청을 해야 하며, 중앙노동위원회에는 재심을 청구할 수 있습니다.

홈페이지 **www.nlrc.go.kr**

중앙노동위원회 **044-202-8226**

구분	위치	관할	연락처
서울지방노동위원회	서울특별시	서울특별시	02-3218-6077~6079
부산지방노동위원회	부산광역시	부산광역시	051-559-3700
경기지방노동위원회	경기도	경기도	031-259-5001
충남지방노동위원회	대전광역시	대전광역시, 충청남도, 세종특별자치시	042-520-8070
전남지방노동위원회	광주광역시	광주광역시, 전라남도	062-975-6100
경북지방노동위원회	대구광역시	대구광역시, 경상북도	053-667-6520
경남지방노동위원회	경상남도	경상남도	055-239-8020
인천지방노동위원회	인천광역시	인천광역시	032-430-3100
강원지방노동위원회	강원도	강원도	033-269-3404
충북지방노동위원회	충청북도	충청북도	043-299-1260
전북지방노동위원회	전라북도	전라북도	063-240-1600
제주지방노동위원회	제주특별자치도	제주특별자치도	064-710-7990
울산지방노동위원회	울산광역시	울산광역시	052-208-0001

근로복지공단

산업재해 신청 및 보상, 근로자 복지와 관련된 것들을 문의할 수 있습니다. 또한 고용보험과 산업재해보험 가입 여부도 확인할 수 있습니다.

홈페이지 **www.kcomwel.or.kr**
전화 **(전국) 1588-0075**

고용센터

실업급여 신청 등 실업급여와 관련된 것들을 확인할 수 있습니다.

홈페이지 **www.work.go.kr/jobcenter**
전화 **(전국) 1350**

인권침해나 일터 내 차별, 폭행, 성희롱 문제 등을 진정하거나 신고할 수 있습니다.

홈페이지 **www.humanrights.go.kr**

전화 **(전국) 1331**

노동 권익침해나 일터 내 문제로 법률상담이 필요할 때 무료로 상담받을 수 있습니다.

홈페이지 **www.klac.or.kr**

전화 **(전국) 132**

나를 지키는 노동법

ⓒ청년유니온

초판 1쇄 발행 2018년 11월 22일
개정판 1쇄 발행 2021년 12월 6일

지은이	청년유니온
펴낸이	이상훈
편집인	김수영
본부장	정진항
인문사회팀	권순범 김경훈
마케팅	김한성 조재성 박신영 조은별 김효진
경영지원	정혜진 이송이

펴낸곳	(주)한겨레엔 www.hanibook.co.kr
등록	2006년 1월 4일 제313-2006-00003호
주소	서울 마포구 창전로 70(신수동) 화수목빌딩 5층
전화	02)6383-1602~3 팩스 02)6383-1610
대표메일	book@hanien.co.kr
ISBN	979-11-6040-703-7 03360